イラスト／北海道Azmacy

イラスト／瀬尾公治

Familia

TVアニメ

女神のカフェテラス

Goddess cafe terrace

公式ビジュアルブック

TVアニメ
「女神のカフェテラス」
公式ビジュアルブック

CONTENTS

第1章

アートコレクション①

グッズ用の描き下ろしイラストを一緒紹介！

発売元●A3
https://eeo.today/store/101/products/detail/78566
販売期間●終了

5等級＋特典のオンラインくじ。1回税込880円。A賞・B2縦タペストリー（全1種）、B賞・キャラアクリルフィギュア（全5種）などがラインナップ。

※商品情報は２０２３年７月時点のものです。予告なく販売終了している場合があります。

濡れスケが好きだって
知ってるんだから!!
発売元●A3
https://eeo.today/store/101/title/3139
キャンパスアート（税込 3,850 円）、アクリルコースター（1 個税込 825 円）、ホログラム缶バッジ（各税込 572 円）などが販売中。
SEXY FASHION

甘々ゴスロリしか勝たん！

GOTHIC & LOLITA

発売元●ドラマ
https://pricafe.shop/view/category/goddesscafe

バスタオル（各税込 4,400 円）、B2 タペストリー（各税込 3,850 円）、T シャツ（税込 3,850 円）、アクリルスタンド（各税込 2,750 円）などが販売中。

裸ワイシャツが嫌いな人いる!?

発売元●コンテンツシード
https://www.the-chara.com/blog/?p=61280
販売期間●終了

特大ダイカットアクリルボード（各税込 5,500 円）、B2 タペストリー（税込 3,300 円）、デカアクリルスタンド（各税込 2,200 円）などが販売された。

SHIRT

添い寝するならどの娘が好み？

発売元●グラナップ
https://granup.shop/products/list?category_id=238

ロングクッションカバー（各税込10,450円）、アクリルスタンド（各税込1,650円）、ミニ色紙（1個税込550円）などが販売中。

IMP

小悪魔スタイルがだ～いちゅき♡

発売元●ペンギンパレード
http://www.penguinparade.jp/shopbrand/ct160/

ラバーマット（税込 3,300 円）、B2 タペストリー（各税込 3,300 円）、アクリルフィギュア（各税込 1,650 円）などが販売中。

和風ウェイトレス
セクシー大盛りで！

KIMONO

発売元●コムズ
https://www.0101.co.jp/405/info/index.html?contents_id=0614
販売期間●終了

花をモチーフにしたアクリルスタンド（各税込 1,540 円）、「Familia」をイメージしたランチョンマット（税込 880 円）などが販売された。

よそ見厳禁!! サーキットの女神様

RACE QUEEN

発売元●レッグス
https://www.ppihgroup.com/products/goddess-cafe/
販売期間●終了

B2タペストリー（税込3,850円）、アクリルスタンドBIG（各税込1,738円）、クリアファイル3枚セット（全2種・各税込1,320円）などが販売された。

胸元がっつり見せチャイナ！

発売元●KThingS co.,ltd
https://e-shop.tokyoeki-1bangai.co.jp/shop/e/emegami/
販売期間●終了

ジオラマアクリルスタンド（各税込2,750円）、アクリルスタンド（各税込1,980円）、とぅるるんアクリルキーホルダー（各税込968円）などが販売された。

OTHERS

恋のエイム力には
自信がありまーっす！

発売元●SO-TA
https://www.scratch.molly.online/scratch/detail/A00000141
販売期間●終了

6等級のオンラインくじ。1回税込770円。A賞・等身大タペストリー（全5種）、B賞・アクリルスタンドフィギュア（全5種）などがラインナップ。

身も心も元気100倍！
激アゲ!! チアガール

発売元●プレイフルマインドカンパニー
https://scratch.dmm.com/kuji/
販売期間●終了

キャラクターごと、5等級のオンラインくじ。1回税込770円。A賞・特大アクリルスタンド（全1種）、B賞・ダイカットクッション（全1種）などがラインナップ。

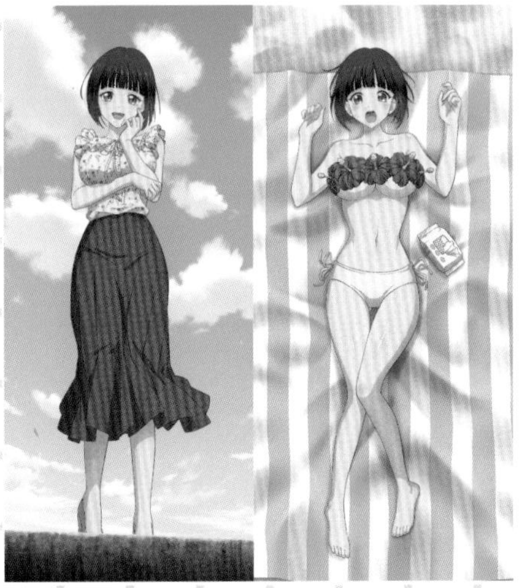

普段はキュート 時々ハプニング!?

発売元●TBSグロウディア
https://animaru.jp/
販売期間●9月16日～10月1日

ボークス秋葉原ホビー天国2 1Fで POP UP SHOPを開催。抱き枕カバー（各税込13,200円）などイラストを使ったアイテムが販売される。

発売元●清水産業
https://tuk-ang.shop-pro.jp/?mode=cate&cbid=2867390&csid=0&sort=n

LEDウォールライト（税込14,300円）、スマホショルダーストラップ（各税込2,200円）、どこスタ（各税込1,980円）、メタルアート（税込1,650円）などが販売中。

おとぎの国出身！ ファンシーガールズ

巷で人気の看板娘　脱いでも凄いんです！

抱きまくらカバー（各税込 13,200 円）。小野白菊、月島流星が販売中。鶴河秋水、鳳凰寺紅葉、幕澤桜花は 9 月 8 日発売予定。

発売元●ムービック
https://www.movic.jp/shop/r/r103419

可愛い女の子はいい香りがするんだよ

各ヒロインをイメージしたオードパルファム（各税込 4,950 円）が発売中。パッケージとボトルに、イラストがプリントされている。

発売元●フェアリーテイル
https://www.fairytail.jp/megami/parfum/

第2章

キャラクター紹介

口はすこぶる悪いが深い家族愛を胸に抱く好男子

粕壁 隼

Hayato Kasukabe 声 水中雅章

冷めた性格で口も悪く、祖母の幸子を「ババァ」と呼ぶ。しかし、根は家族思いの快男子。幸子に楽な暮らしをさせたくて、勉学に励み東大に現役合格した。幸子との思い出がつまった喫茶店「Familia」を守るため、大学を休学し２代目オーナーに就任。ヒロインたちと時にはぶつかりながらも協力して店を盛り上げ、家族のような関係になっている。

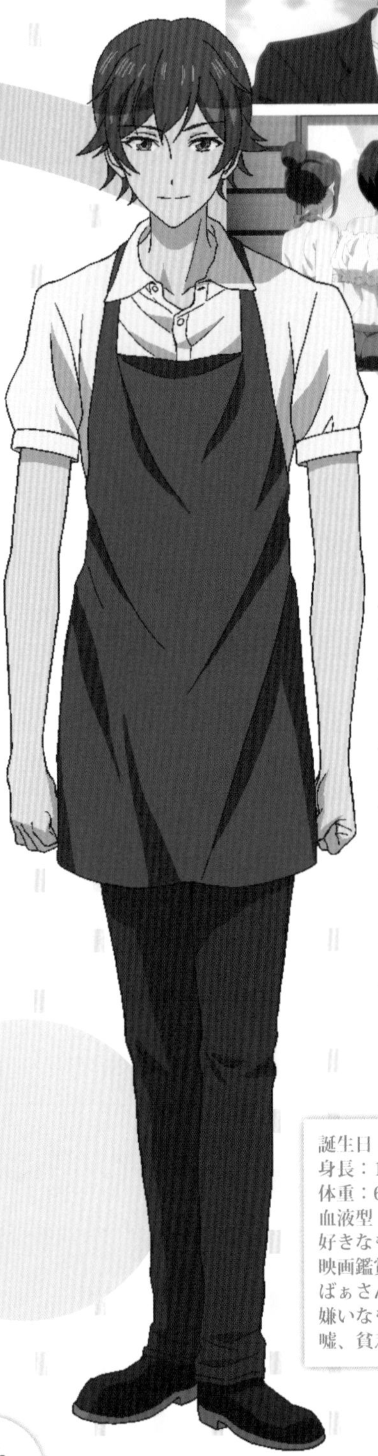

オレがやるんだよ。ばぁさんに代わってあの店を

誕生日：７月30日
身長：178cm
体重：61kg
血液型：O
好きなもの：貯金、映画鑑賞（アクション系）、ばぁさんのピラフ
嫌いなもの：タバコの煙、嘘、貧乏

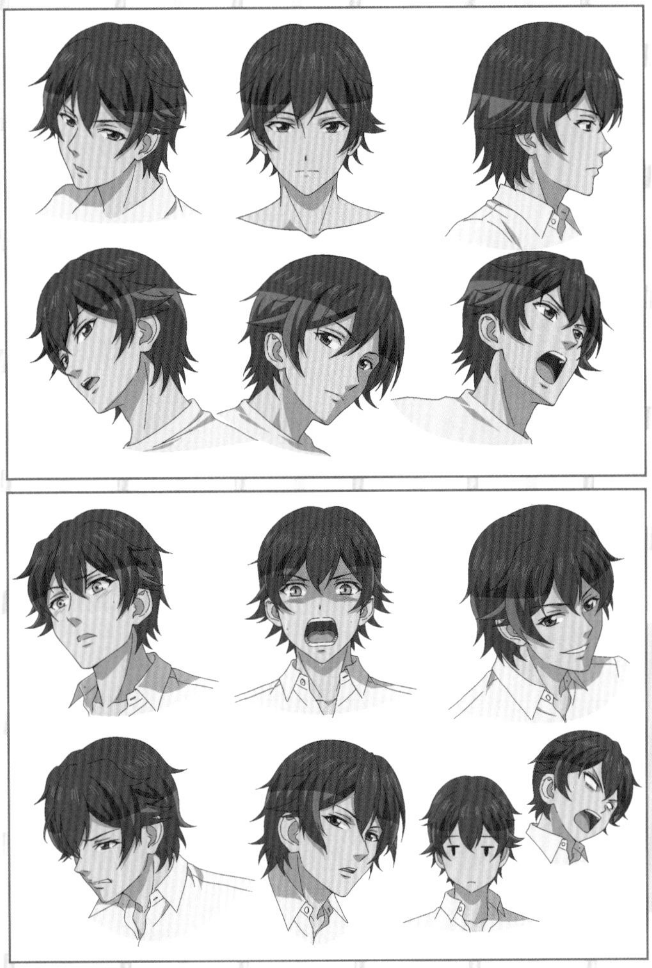

表情集

Weakness｜押しに弱い

身内に対していっさい容赦がない隼だが、ヒロインたちから抱きつかれたり、セクシーな姿でからかわれたりすると、途端に慌てふためく。受け身になると、初心な素顔が出るようだ。

Special Skill｜ラッキースケベ

ひさしぶりの帰郷早々、裸や下着姿のヒロインと鉢合わせたのを皮切りに、次々とエッチなハプニングに遭遇している。本人はそのたびにドギマギするが、傍から見れば羨ましい！

Character｜ぶっきらぼう

ヒロインたちの心や体調を常に気にかけ、秘めた悩みを察する鋭敏さも持ち合わせている。しかし、言動がぶっきらぼうでややデリカシーに欠けるため、冷たい人間だと誤解されがち。

私服（第四話）　私服（第二話）　私服（第二話）　私服（第一話）　私服（第一話）　私服（第一話）

各話衣装設定

隼の私服は、シャツにパーカーやジャケットを羽織ったようなシンプルな組み合わせがほとんど。「貯金」が好きということで、服装に余計なお金をかけない堅実派なのだろう。また、他人を外見で判断しない、誠実な性格が現れているともいえる。

私服（第八話）　私服（第五話）　私服（第五話）

パジャマ　私服（第十二話）　私服（第十話）

表情集

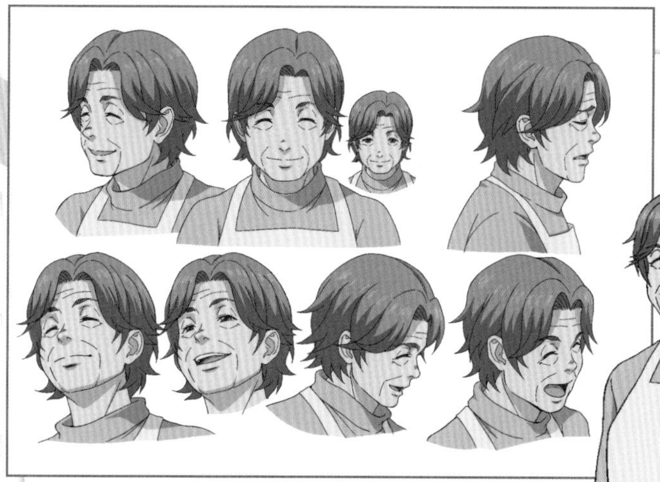

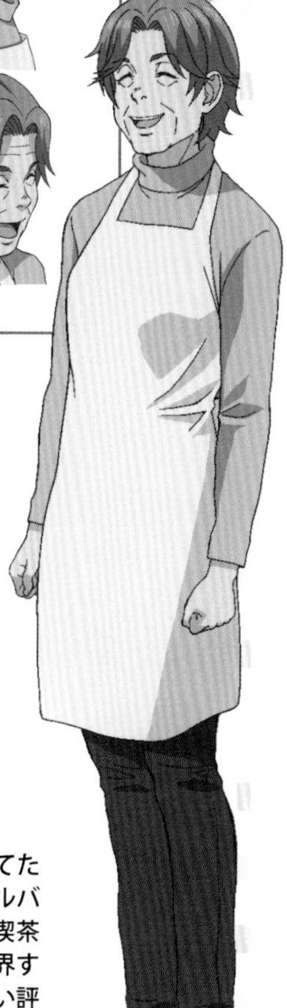

大切な孫を愛情たっぷり一人前に育てた元天才料理人

粕壁幸子

Sachiko Kasukabe

声 伊倉一恵

交通遺児になった孫の隼を引き取り、女手ひとつで育てた「Familia」の先代オーナー。隼が家を出てからは、アルバイト店員の白菊たち５人と家族同然に暮らしながら喫茶店経営を継続。笑顔あふれる幸せな時間を過ごして他界する。じつはスペインのレストランで料理長を務め、高い評価を得たスゴ腕シェフで、多くの人に慕われていた。

清楚で家庭的 ときどき桃色匂いフェチ

小野白菊

Shiragiku Ono

声 和氣あず未

おばあちゃんほど
美味しくないかもしれないけれど
お口にあえば……

大学２年生の大和撫子だが、酔うと普段の清純な姿からは想像できない、臭いフェチのエッチ娘に変身！　あられもない姿で隼にグイグイ迫る。また、隼は忘れていたが、幼少時に父と一緒に「Familia」を訪れて隼と出会っていた。その際、嫌われ者の金持ち老人・不破に因縁をつけられていたところを隼に助けられ、以来彼を慕い続けている。

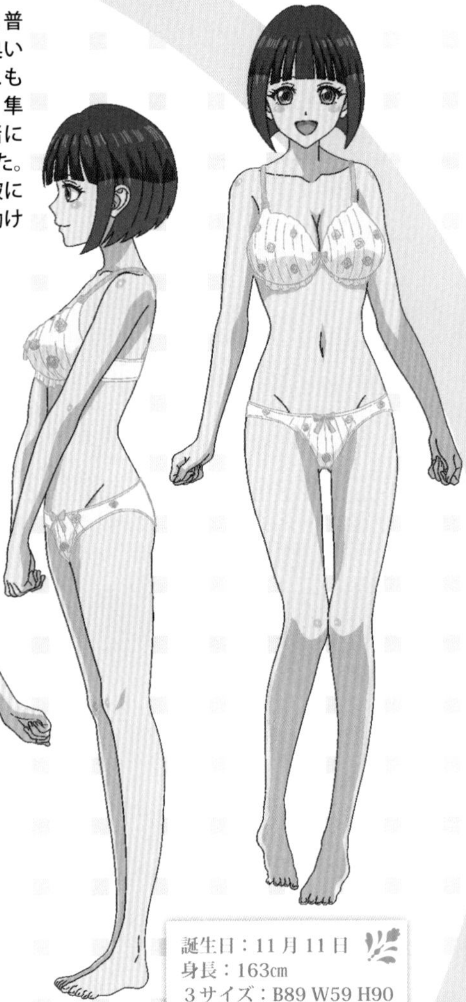

下着姿

誕生日：11月11日
身長：163㎝
３サイズ：B89 W59 H90
血液型：A
好きなもの：料理、読書（恋愛、ミステリー小説）、羊羹
嫌いなもの：辛い食べ物、運動、下ネタ

表情集

各話衣装設定

私服は露出が控え目で、丈の長いスカートを好む傾向にある。ファッション面でも、奥ゆかしい性格がよく現れているといえるだろう。それだけに、酔った際の痴女バージョンで魅せてくれる素肌のありがたさが増す。

私服（第三話）

私服（第三話）

私服（第二話）

私服（第二話）

私服（第一話）

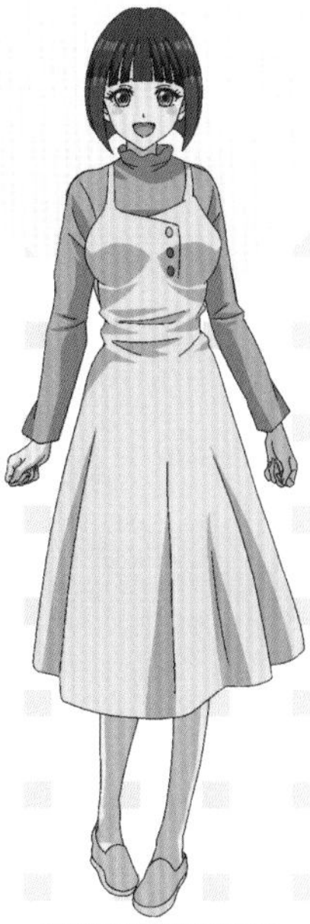

私服（第一話）

Character | おしとやか

何事にも控え目で大人しい白菊。かたや自己主張が強く、なにかと衝突することの多い面々の中にあって、みんなを温かく見守る優しいお母さん的ポジションを担っている。

Special Skill | 料理

料理人志望の白菊は一流シェフである彼女の父同様、幸子に料理を教わっており、その腕前はすでにプロ級。「Familia」の経営を軌道に乗せるため、新メニューの開発に余念がない。

Weakness | アルコール

白菊の酒耐性はオブラート並みに脆弱。ウェットティッシュに含まれるアルコールの香りだけで酔ってしまう。しかも酔いから醒めると、酩酊中のハレンチ行動をいっさい覚えていない！

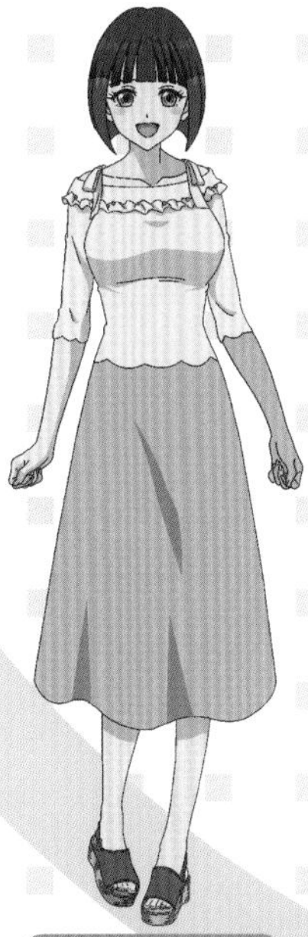

私服（第八話）

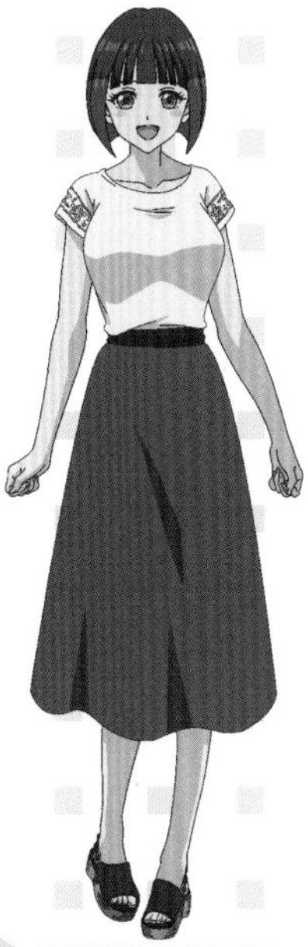

私服（第七話）

エプロン姿（第六話）

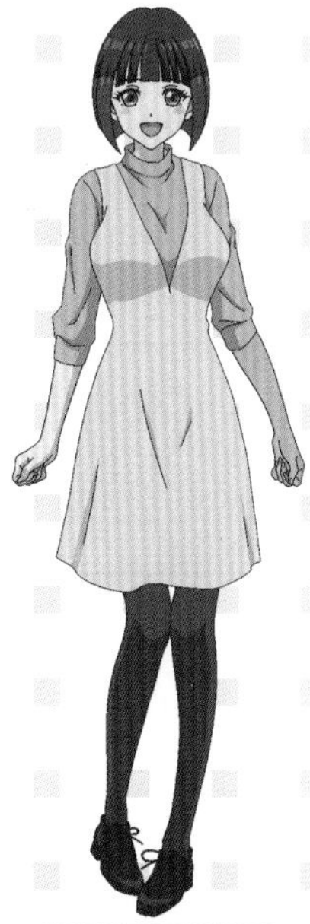

私服（第五話）

パジャマ

私服（第十二話）

私服（第十一話）

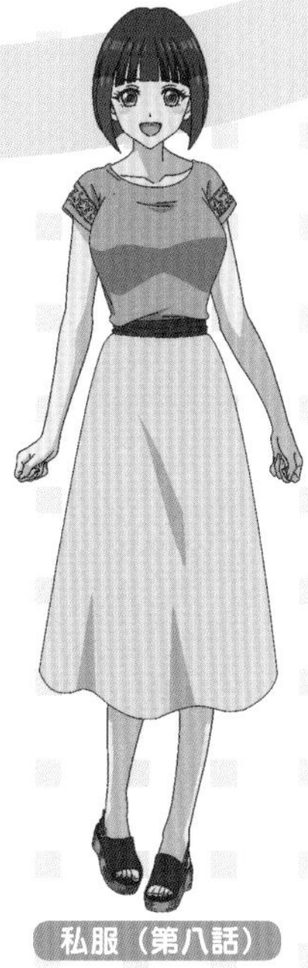

私服（第八話）

小悪魔系ギャルに見えて何事も一生懸命な苦労人

月島流星

Riho Tsukishima　声 山根 綺

白菊と同じ学校に通う大学２年生。いつも明るく振舞い、誰とでも仲よくなれるが、自分のことは話したがらない。じつは、かつて天才子役として名を馳せるも、自らの芸能活動を巡って両親が対立し、父が家を出ていったという辛い過去がある。隼に頭を撫でられたり労わられたりしてキュンとしてしまうのは、辛い過去の反動なのかもしれない。

誕生日：８月７日
身長：152㎝
３サイズ：B78 W56 H79
血液型：A
好きなもの：オシャレ、占い、ポメラニアン（柴犬カット）
嫌いなもの：満員電車、鶏肉の皮、すごい伸びる猫

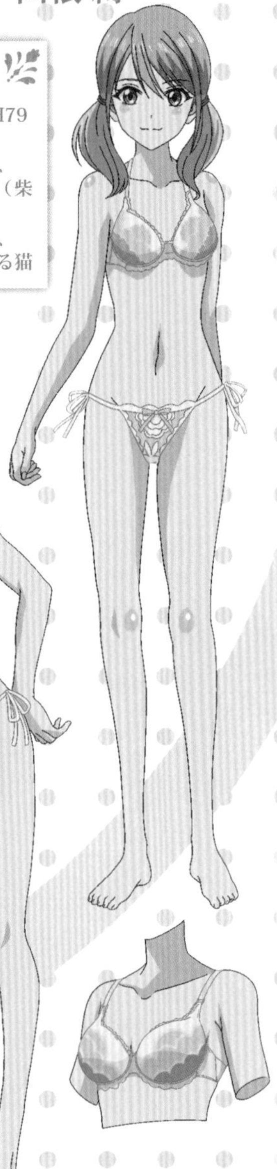

下着姿

表情集

各話衣装設定

胸元が大きく開いたシャツを着ていることが多い。ヒロインの中では胸は小さめだが、その恰好で前かがみになると胸元が強調されてドキドキすること必至。また、服の柄はボーダーやチェック、スカートの丈はセミショートが好みのようだ。

私服（第二話）

私服（第二話）

私服（第二話）

私服（第一話）

私服（第一話）

Character | 誰かに必要とされたい

自分の存在価値を周囲に認めてもらいたいという思いが強い流星。彼女が子役として熱心に芸能活動した理由も、自分が頑張れば両親に褒めてもらえると考えたからだ。

Special Skill | 人当たりのよさ

幼いころから大人社会の芸能界で揉まれたおかげで、流星の人当たりのよさは抜群。「Familia」でも接客に宣伝にと八面六臂の活躍で、彼女の社交性は大きな戦力になっている。

Weakness | 頑張りすぎ

手を抜くことを知らない流星は、無理をしがち。「Familia」で海の家を出店した際は、接客を張り切りすぎて軽い熱中症に。しっかりしていそうで、目を離せない危うさもある。

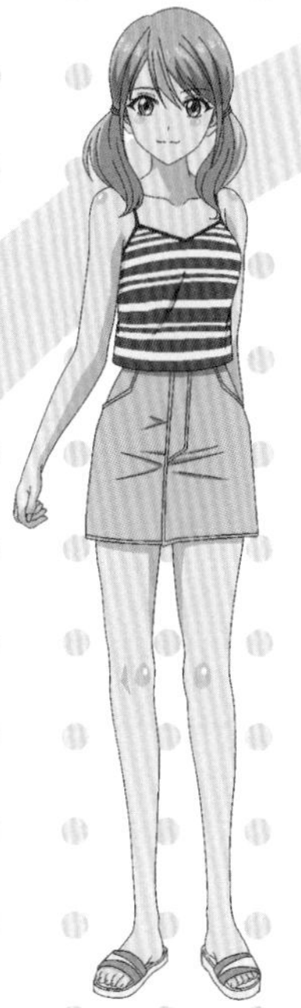
私服（第八話）

エプロン姿（第六話）

私服（第五話）

私服（第三話）

パジャマ

私服（第十二話）

私服（第九話）

私服（第八話）

鶴河秋水

正義の味方を志す
明るく元気なアホガール

Ami Tsuruga

声　鈴代紗弓

よく笑いよく食べよく寝る、超健康優良児の高校２年生。空手部に所属し、人気格闘ゲーム『ストリートファイター』シリーズの技「昇龍拳」や「竜巻旋風脚」などを使いこなす天才でもある。また、有名映画が元ネタのマスクなど面白グッズを多数所持し、ことあるごとに笑いを取ろうとしてはツッコまれる「Familia」のマスコット的な存在。

世界の平和と
この家の女の子は
私が守る!!

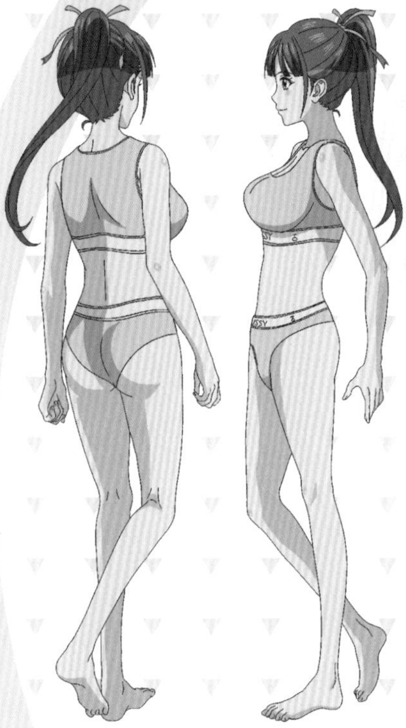

下着姿

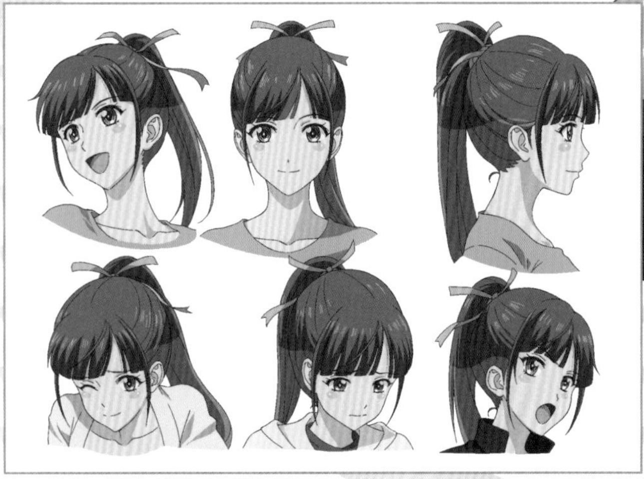

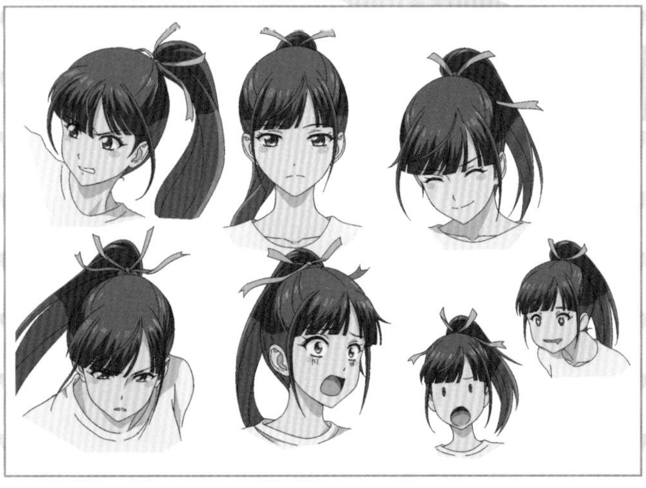

表情集

誕生日：１月20日
身長：167cm
３サイズ：B88 W59 H92
血液型：O
好きなもの：ウルウルマン、高い所、白菊さんの料理
嫌いなもの：悪い怪獣、勉強、ピーマン

各話衣装設定

活発な秋水は、普段着もオシャレより動きやすさが優先。全体的に飾り気が少なく、ズボンを履いていることが多い。そんななか、第三話で披露したピッチリした生地のトレーニングウェアは、抜群のスタイルが浮き出てセクシー度満点！

私服（第二話）

私服（第二話）

私服（第一話）

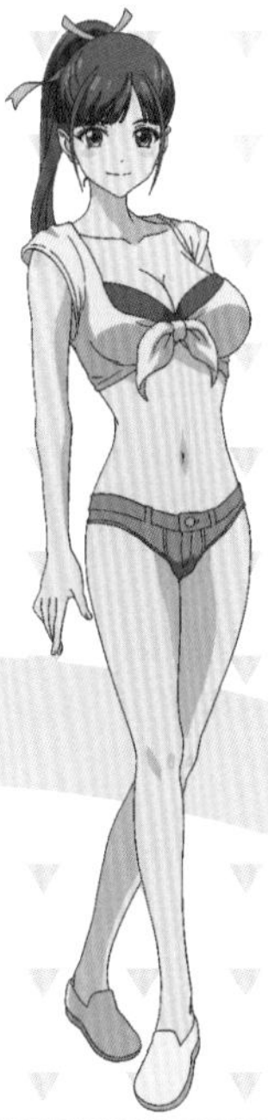
私服（第一話）

私服（第一話）

Character | おバカ

将来の夢は「正義の味方」という秋水。修行を積めば気功波も放てると本気で考えており、現在「波動拳」を練習中。純粋無垢を通り越して、ちょっとおバカなのだ。

Special Skill | 空手

腕っぷしの強さは作中屈指で、不良男３人を軽く倒してしまうほど。普段からトレーニングを積んでおり、体力も抜群。重い荷物を背負っての長距離走も楽々とこなしている。

Weakness | 空気が読めない

秋水は「Familia」のムードメーカーだが、TPOをわきまえないのが玉に瑕。真面目な話の最中でも、空気を読まずにイタズラ心を発揮して、流星などから注意されることもしばしば。

私服（第八話）

私服（第七話）

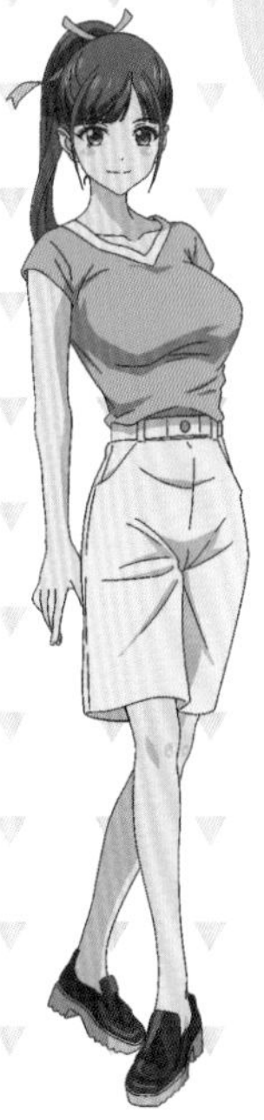
私服（第六話）

私服（第三話）

パジャマ

私服（第十二話）

学生服（第十一話）

私服（第八話）

へぇ……可愛い顔するじゃん

家を出てバンド活動に励む ミステリアスな元お嬢様

鳳凰寺紅葉

Akane Hououji 声 瀬戸麻沙美

誕生日：12月1日
身長：160㎝
３サイズ：B79 W57 H80
血液型：AB
好きなもの：ライブ、駄菓子、隼のおばあちゃんが淹れたコーヒー
嫌いなもの：ライブのMC、早起き、オバケ

「Familia」で働きながら、作詞・作曲・ボーカルとしてバンド活動をする19歳。一見すると周囲と慣れ合わないクールビューティーだが、隼の心を動かすほどの歌詞を書くなど、熱い思いを秘めた一面もある。実家は貿易商を営む名家。親が決めた相手と結婚するために一度連れ戻されかけるも、隼の叱咤激励を受け、母親に成長した姿を見せて和解した。

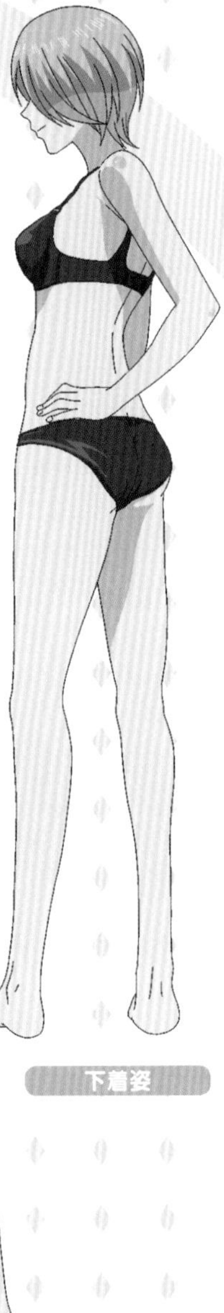

下着姿

表情集

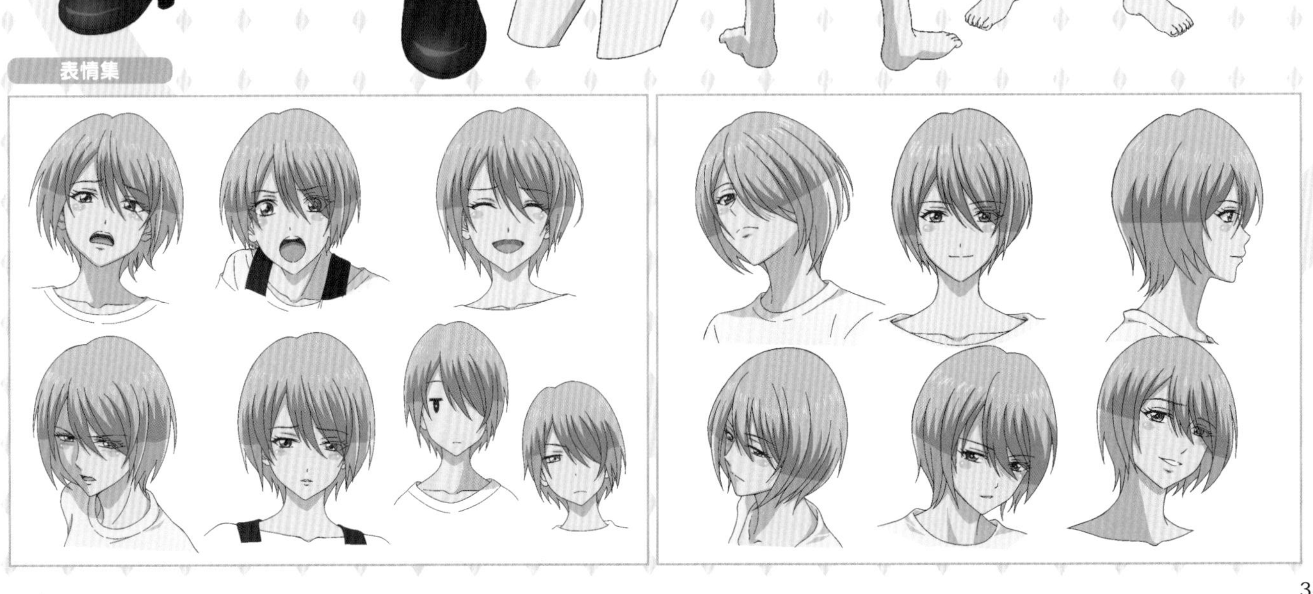

私服（第五話）　私服（第三話）　私服（第二話）　私服（第二話）　私服（第一話）　私服（第一話）

各話衣装設定

紅葉はファッションに無頓着なようで、私服はラフ＆洒落っ気ゼロ。バンドでステージに上がる際も、普段と変わらない服装だった。また、異性からの視線を気にしないタイプで、肩や脇、太モモを露出したタンクトップ＆短パン姿が多い。

Character | クール

初対面の隼に着替え中の姿を見られても、紅葉は慌てず騒がず冷静沈着。また、パンツが見えるパジャマ姿で隼の部屋を訪ねるなど、露出の多い恰好でもクールな態度を崩さない。

Special Skill | バリスタの腕前

紅葉のバリスタ技術は幸子直伝。「Familia」でもっともコーヒーを淹れるのが上手く、隼の師匠的存在になっている。舌が肥えている紅葉の母も、その腕を認めるほどだ。

Weakness | 褒められ弱い

紅葉は隼に対して、年上の女として余裕たっぷりに接する。しかし、隼に容姿や歌を褒められて赤面したり、自分から胸を揉ませようとしてテレたりと、じつは意外と恥ずかしがりやさん。

私服（第七話）　私服（第七話）　私服（第七話）　私服（第六話）

パジャマ②　パジャマ①　私服（第十二話）　私服（第八話）

私がおばあちゃんから教わった唯一の料理よ

隼とケンカしてばかりの将来有望!?なデザイナーの卵

幕澤桜花

Ouka Makuzawa 声 青木瑠璃子

誕生日：３月７日
身長：156㎝
３サイズ：B81 W58 H83
血液型：B
好きなもの：裁縫、可愛い服、「Familia」の「カボチャチーズケーキ」
嫌いなもの：家事（洗濯以外）、流行りの変な服、虫

家族の反対を押し切って服飾系専門学校に通う、コスチュームデザイナー志望の19歳。隼との初対面時に下着姿を見られたことを根に持ち、彼に対する当たりが強く、いつも口ケンカをしている。幸子から「孫の好物」として教わったピラフは作れるが、それ以外の料理は壊滅的に下手。東大に通う双子の妹・橘花がいる。

表情集

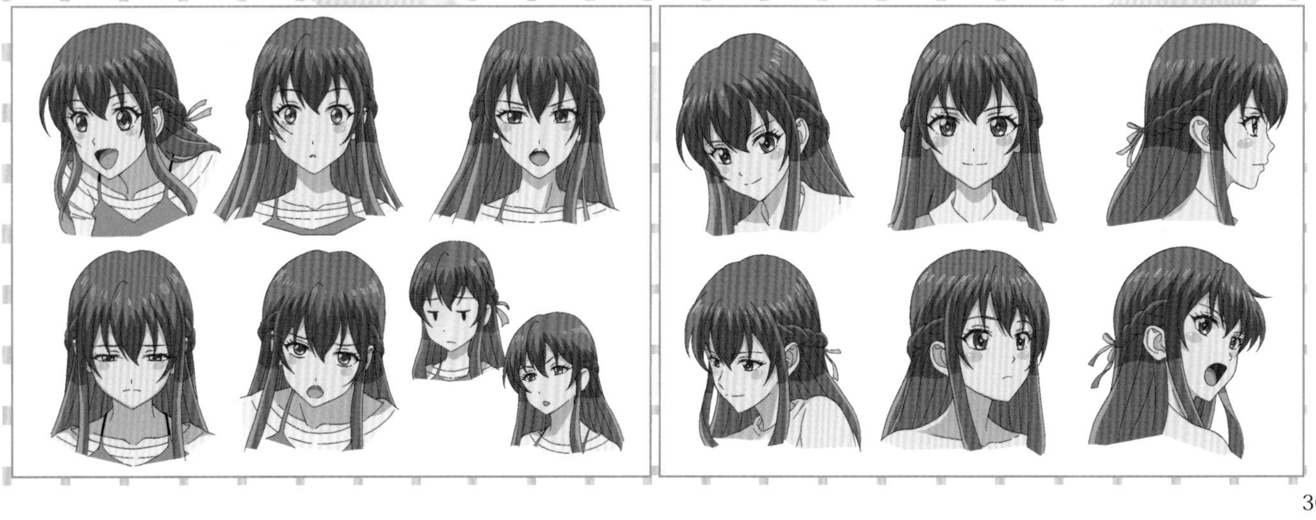

私服（第三話）

私服（第二話）

私服（第二話）

私服（第一話）

私服（第一話）

各話衣装設定

ファッションデザイナーを目指すだけあって、桜花は服装のバリエーションが多彩だ。スカートだけ見ても、マイクロミニからロングまで様々な丈を着こなし、プリーツスカートあり、タイトスカートありとデザインも豊富。彼女のセンスのよさが光る。

Character | ツンデレ

ヒロインが次々と隼に好意を抱くなか、桜花は最後まで彼を「嫌い」と言い続けた。ただ、隼の努力は認めており、本気で嫌っているわけではない様子。重度の「ツンデレ」なのかも？

Special Skill | 服飾

「Familia」の制服は桜花のお手製。季節やイベントに合わせてパーツを加えるなど、バージョンアップもお手の物。その可愛いデザインは、店の人気アップにひと役買っている。

Weakness | ひねくれもの

手先は器用な桜花だが、感情表現は不器用で口が悪く、姉妹仲を取り持ってくれた隼への感謝も素直に口に出せなかった。隼とは似た者同士といえるが、だから反発しやすいのかも？

私服（第九話）

私服（第八話）

私服（第六話）

私服（第五話）

パジャマ

私服（第十二話）

私服（第十二話）

私服（第十話）

海の家の制服

海の家で働く際の衣装。この時点でも露出度が高いが、試作版ではトップスがビキニだった。白菊の「恥ずかしい」という理由で、ビスチェタイプに変わり露出も少し抑えられた。

制服 花ver.

「桜まつり」に出店したときの秋水＆桜花の制服。肩周りなどに大きなフリルが足され、頭部は桜のカチューシャで飾られている。

水着

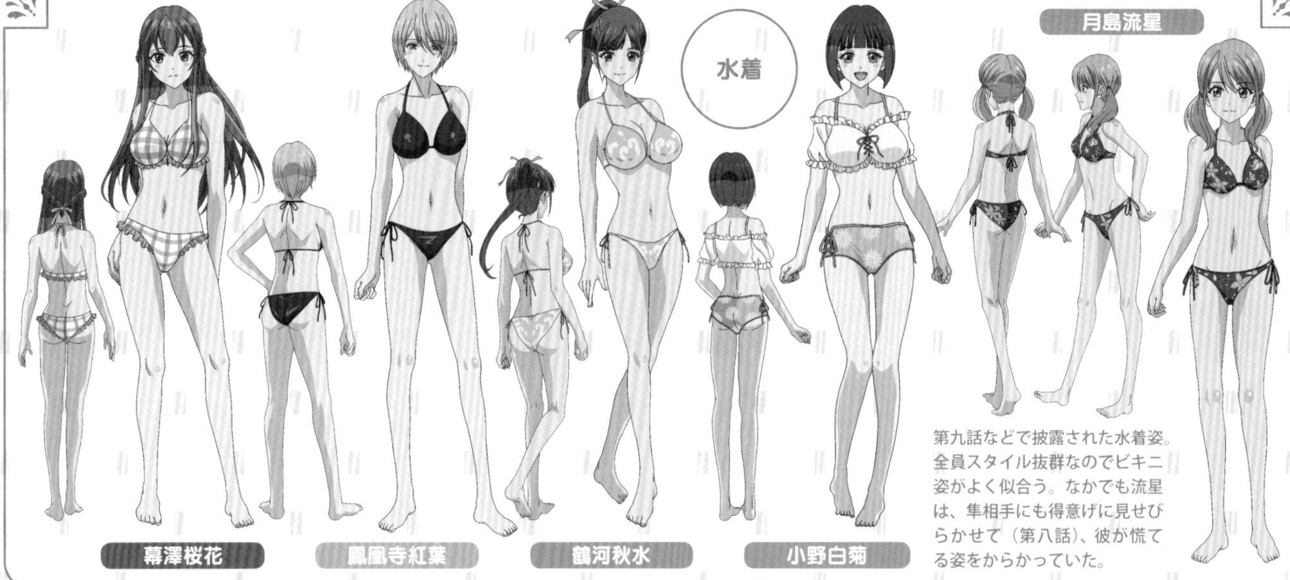

第九話などで披露された水着姿。全員スタイル抜群なのでビキニ姿がよく似合う。なかでも流星は、隼相手にも得意げに見せびらかせて（第八話）、彼が慌てる姿をからかっていた。

過去＆未来

隼はどの時代も現在の雰囲気を色濃く残している。白菊や桜花も現在との共通点が多い。一方、流星や紅葉は現在とかなり雰囲気が異なっており、「Familia」での生活が２人にとって転機になったことがうかがい知れる。

サブキャラクター

隼の娘

声／稗田寧々

ヒロインと隼との愛の結晶である10代の美少女。人懐っこく天真爛漫な性格で、彼女が「パパ」と呼ぶ隼との仲もよい様子。「ママ」以外の4人についてもどうやら知っているようだ。

幕澤橘花《きっか》

声／上坂すみれ

桜花の双子の妹で現役の東大生。姉のことが大好きだが、桜花がファッションの道に進んだ際に行き違いが生まれて疎遠になってしまう。仲直り後は無邪気な笑顔を見せるようになった。

紅葉の母

声／本田貴子

紅葉を厳しく育てた鳳凰寺家の当主。若いころは外交官として働いていた。隼のことを紅葉の結婚相手として認めており、「鳳凰寺家の女なら勝ち取りなさい」と応援してくれている。

和菓子屋

声／竹内恵美子

隼の祖母・幸子が存命のころから親しいご近所さん。秋水から「おばちゃん」と呼ばれているが、驚くべきナイスバディーの持ち主。

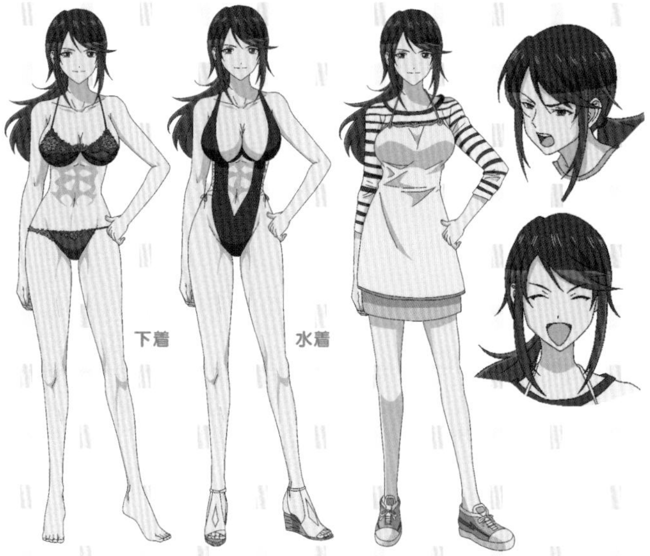

紅葉のバンドメンバー

声／佐々木奈緒、田中あいみ

紅葉がボーカル兼ギターを務めるガールズバンドのメンバー。突然バンド名を「モジャモジャ髭ガール」に改名させられて驚いていた。

魚屋とその友人

「Familia」の優しいご近所さん。第十一話で隼のイチモツが大きいことをイジっていた。

不破の孫とその仲間

口だけは達者な不良。ヒロインにちょっかいをかけては、秋水から鉄拳制裁を受けていた。

不破《ふわ》

声／飛田展男

性悪な資産家の老人。お金を貸していた幸子や孫の隼などに横柄な態度を取っていた。隼たちだけでなく町の住人からも嫌われている。

TTS放送局のクルー

海の家を取材に訪れた。野村（左端）はAD時代、子役だった流星と仕事をしたことがある。

秋水のコーチ

秋水が所属する空手部の監督と、秋水のライバル。彼女にはまだ勝てたことがないようだ。

▲▼白菊の大きな生おっぱいを頭に載せてもらう隼。こんな至福の体験を味わえるなんて羨ましすぎる。お裾分けしてほしいよ！

Shiragiku Ono Sexy Cut Collection

女神のエロス 3 つ 星 ガイド

酔っぱらって痴女モードになった白菊は、第一、三、四、六、八、十、十二話と、かなりの頻度で登場する。この状態の白菊は、人前でも平気で裸や下着を晒すが、清楚な普段の姿とのギャップもあってエッチ度はヒロイン随一と言えるだろう。本作のサービスシーンは、彼女なしには語れない！

▲痴女モードの白菊は、散々隼にじゃれついてはたんきゅ～と眠りにつく。暴れっぷりとその後の静けさは、まさにタイフーン！

▼第六話にて流星が帰宅すると、台所から隼と白菊の声。しかも、白菊が「挟む」とか「大きい」とか、意味深で艶っぽいセリフを……。

▲真っ昼間の玄関で繰り広げられる修羅場。白菊のエッチな攻勢に水着の流星＆下着の秋水も加わり、防戦一方の隼はもうタジタジ。

第3章

キャストインタビュー

CAST INTERVIEW ❶

粕壁 隼 役 水中雅章

一見、嫌味な隼でも憎めないんです

――演じている隼について、どんな男子だと捉えていますか?

水中　原作マンガを読んだときの第一印象は、神経質でちょっと嫌味な人、というものだったんです。でも、読み進めていくと憎めなくなりました。さらに彼は、ヒロインたちと交流していくうちに成長していきますよね。例えば、流星に叱られて喫茶店のマスターとしてのあり方や周囲の人たちへの対応の仕方を学び、徐々に一人前の男にもなっていく。そういう、いいものを素直に自分の中に取り込んでいくところに感心しました。

――隼を演じる際に意識したことは?

水中　僕もそうでしたが、マンガを読んでいる方は、隼がヒロインたちに結構きつい接し方をしているのに、どこか人懐っこさを感じていると思うんです。ですから僕が演じたことで「隼、嫌な人だな」と思わせてしまうことだけは絶対に避けないといけない。ということで、隼の「嫌味成分」をそこまで目立たせないことを心がけていました。

――あれだけ辛辣なセリフを吐きつつ、でも嫌われないようにというのは、演技のさじ加減が難しいと思うのですが。

水中　最初は、演技の〝落としどころ〟を探りながら演じていたんです。でも、スタッフの方から「もっと怒ってみてください!」「もっと声を出してみてください!」というディレクションをいただいて、探り探りはやめて思い切り演じるようにしたら、いい感じになったように感じます。さらに、流星や紅葉の過去に踏み込むエピソードで隼の根っこにある優しさも感じることができて……。隼の振り切ったところと家族思いな一面を知り、ようやく彼のキャラクターを少しつかめたかなと思っています。

――水中さんと隼の間に共通点はありますか?

水中　まったくありません(笑)。僕は勉強がめちゃくちゃ嫌いですし、これまでのバイト経験から、飲食店の経営は絶対に向いていません。でも、あえて似ている部分をひねり出すとしたら、おばあちゃん子なところですかね。おばあちゃんは僕が声優をめざしているときに、すごく応援してくれたんです。ただ、初めてのオーディションに受かって、その作品が放送されますよ、というタイミングで亡くなってしまって……。隼も「ババァ」なんていう言い方をしていますけど、僕と一緒でおばあちゃんのことが大切で大好きな存在だと思っているはず。「もっとおばあちゃん孝行をしておけばよかった」と考えているのも、おそらく共通していると思います。

――隼とおばあちゃんの思い出の場面は心温まるものばかりです。

水中　そうですね。あんなにいいおばあちゃんをいじめるなんて、不破のじいさ

隼と僕の共通点はおばあちゃん子なところです

んは本当に許せない！　しかも不破さんとの因縁はかなりたくさんあって根深いみたいなんですよ。「Familia」での不破さんとのいざこざの場面では、隼は暴走しそうになるヒロインたちを止めていましたけど、僕自身は「やっちまえ！」と思っていました。まあ、「許せない」と言いながら、じつは最近不破さんのことがなんとなく可愛く見えてきてしまっているのも事実なんですけど（笑）。

5人のヒロインの中で恋人にするなら……？

——女子に囲まれている隼のシチュエーションは、うらやましいと思いますか？

水中　僕がもうちょっと若かったら、うらやましいと思ったかも。例えば隼と同じ18～19歳で、あんなに美女揃いで、しかも1週間くらいの期間限定だったら、「最高」と思ったかもしれない。

——期間限定ですか。

水中　隼のように日常生活も職場もずっとあの5人と一緒というのは、大変なことのほうが多くないですか。お風呂問題、洗濯問題、ご飯は常に一緒問題……。僕はひとり暮らしに慣れているので、そこかしこで衝突が起きる気がします。

——では、5人のヒロインを「恋人」「嫁」「友達」「姉or妹」「仕事仲間」に当てはめるとしたら、水中さんはそれぞれどのポジションにしたいですか？

水中　これはかなり難しいですね。でも……彼女たちのバックボーンなどを見ているとどうしても紅葉か流星に肩入れしてしまうので、やっぱりこの2人を恋人か嫁にしたいかな？　流星は「隼なしじゃ生きていけない」という感じが強いので嫁？　いや、そのフシは紅葉にもあるんだよな……。えーい、思い切って恋人は紅葉、嫁は流星にします！　あくまでも現時点では、ですよ！

——（笑）。ほかのポジションは？

水中　友達にしたいのは桜花かな？　悪口に悪口で返してくるという距離感が楽しそうなので。妹はやっぱり秋水なのかな。あのおバカっぽいところを「よしよし」と思えそうですから。そして仕事仲間は白菊。料理の腕前による「Familia」への貢献度を見せつけられていますからね。……と、一応の答えは出しましたが、こんなポジションはかなり流動的。桜花には友達以上の、秋水には妹以上の、そして白菊には仕事仲間以上のポテンシャルを強く感じているんです。「誰を恋人にしたいか」という問いの答えは、きっと視聴者のみなさんもコロコロ変わっているんじゃないでしょうか。

「揉んどく？」で本当に揉むなんて!?

——全12話の中でとくに印象深い場面を教えてください。

水中　海の家で秋水がお面をシャカシャカシャカと変えているシーン（第九話）がめっちゃ好きです。絵の演出がすごいですし、秋水役の鈴代（紗弓）さんのアホっぽい演技もすごくよくて。そういえば、鈴代さんの声量はあの場面に限らずどのセリフでもすごく大きかったんですよ。僕も結構声を張る場面が多かったけれど、すべて敗北しています（笑）。

——ラッキースケベの場面で印象的だったのは？

水中　絶対に第一話の冒頭部分でしょう。家に入ってものの2～3分で一気に5人の女の子のあられもない姿を目の当たりにするだなんて、人生でまずありませんから。そしてもうひとつ、「ラッキー」というのとは違うかもしれませんが、第六話のパソコンを壊されて怒り狂った隼が秋水のおっぱいを揉む場面。「揉んどく？」と言われて本当に揉む主人公は、ほとんどいないと思います。

——同感です（笑）。ところで、最終話では10数年後の未来が描かれていて、隼の娘も登場していましたね。あの娘のお母さんは誰だと推理しますか？

水中　それはつまり、隼が誰と結ばれたのかという問いの答えでもあるわけですよね？　これも難しい！　ただ……あの娘の見た目、桜花に似ている気がするんだよな～。いやでも……断言はできないし。これだけは「まだわからない」と答えさせてください！

——答えは第2期以降にあると？

水中　はい。僕は視聴者の方々と同じ目線でこの物語を見ているところがものすごくあるので、第1期では「紅葉、いいやん！」「流星、いいやん！」「この子たちには幸せになってほしいやん!!」と思っていたりしているんです。でも、きっと第2期ではほかの3人のことも深掘りされるはず。そうしたら「みんな、いいやん！」なんて状態に、きっとなってしまう。ということで、第2期では彼女たちの隼に対する心の動き、そしてそこで見せてくれる表情などを楽しみにしたいです。もちろん、隼の演技もみなさんのご期待に沿えるよう頑張りますので、第2期もぜひリアルタイムでのご視聴をよろしくお願いします！

Masaaki Mizunaka

1月20日生まれ。山口県出身。ぷろだくしょんバオバブ所属。『シュガーアップル・フェアリーテイル』シャル・フェン・シャル役、『東京リベンジャーズ』場地圭介役、『後宮の烏』夏高峻役など多数出演

CAST INTERVIEW ❷

小野白菊役

和氣あずみ

酔っ払った白菊はエロうっとうしい!!

――まず、白菊の紹介をお願いします。

和氣　とても奥ゆかしくてちょっと内気な子です。ただ、「ご飯はみんなで一緒に食べる」というおばあちゃんとの約束を守ることを隼くんに主張するなど、大事だと思っていることははっきりと言える子ですね。そして、普段はみんなの陰に隠れがちだけど、お酒を少しでも飲むと酔っぱらって大胆かつエッチに豹変するという「お笑い担当」のポテンシャルも持っています（笑）。

――アルコールに弱すぎですよね。

和氣　アルコール入りの除菌シートで酔っちゃいますからね。そういう子が「Familia」の厨房にいると思うと心配ですが……。今のところ、なんとか営業中に大事故は起こしていませんね。

――演じる際に意識したことは？

和氣　人を傷つけないような優しいしゃべり方をするよう心がけていました。そしてもうひとつ、隼くんとの距離感も意識しました。最初のころは、桜花ちゃんを筆頭に隼くんに対してケンカ腰な態度でしたが、そんなときでも白菊ちゃんだけは穏やか。いっぽうで、じつは子供のころに出会っていたという過去があるから、ほんの少し気まずさのようなものも抱えている雰囲気を出す……といった感じでした。

――酔っ払いモードではどうでしたか？

和氣　本当に楽しくやらせてもらいました（笑）。私はお酒をそんなに飲まないので、実際に酔っぱらった状態だとどうなってしまうのかよくわからないんですけど、とにかく普段の彼女の人格を頭の中からかき消して、ぶっ飛んだ印象になるよう心がけていました。

――思い切り演じ切ったんですね。

和氣　はい。最初は酔った状態でも白菊ちゃんらしいふわふわとした可愛いらしさは残したほうがいいかなと思っていたんですが、監督から「絡まれたら面倒くさい子になって」と指示されまして（笑）。セクシーに迫ってはいるけど、相手をドキドキさせるのではなく「うっとうしい！」と思われるよう演じました。

観たいハーレム展開は隠れて女子会を覗く隼

――白菊と共通点を感じたことは？

和氣　それがほとんどないんです。白菊ちゃんは家庭的な女の子ですけど、私は料理が全然できませんし。お酒が弱いところは似ているかも知れませんが、私は弾けるのではなく眠くなってしまうタイプ。でも、白菊ちゃんのように羽目を外しまくって「一切覚えてない」なんて経験も、一度はしてみたいです（笑）。

――白菊は匂いフェチでもありますね。

和氣　私も、ひさしぶりにつけたクーラーのちょっとカビ臭い匂いが好きだと

ひと皮むけた白菊 第2期ではもっとグイグイ行くはず!?

いう癖を持っているんですが……（笑）。最近とくにフェチを感じているのは、普段髪の毛をしっかり整えている方の寝グセなんです。以前、芸人の天津・向さんとイベントでご一緒したんですが、普段はサラサラストレートの綺麗なマッシュルームヘアの向さんが、新幹線での移動中にお休みになっていたらしく、寝グセがついていたんですよね。それを見たときにキュンとしてしまって……。向さんのおかげで私のフェチ心の新しい扉が開いてしまいました。

――あと、和氣さんはハーレムアニメ好きという一面もお持ちですよね。本作の今後のお望みのハーレム展開は？

和氣　私が好きなストーリー展開のひとつが、主人公の男子がひとりで学校の教室で探し物をしていると、体育終わりの女子たちが帰ってきてしまって、「ヤバイ！」となった主人公がロッカーに隠れて彼女たちの着替えをすき間から覗く、というパターンなんです。ですからこの作品でも、5人がキャッキャウフフな女子会をしているところを、隼くんが何かの間違いで押し入れに隠れてドギマギしながら覗く、なんていうシチュエーションを見てみたいですね。……私、気持ち悪い感じになっていませんか？

――大丈夫です（笑）。また、もし和氣さんが「Familia」の一員になったら、どんな情景が浮かびますか？

和氣　学生時代にファミレスでアルバイトをしていましたし、接客するのは好きなので、みんなと一緒に働けるのは嬉しいですけど……。共同生活は向いていないので〝通い〟でお願いします（笑）。

隼争奪戦に勝つにはお酒の一掃しかない!!

そういえば、アフレコ現場でも同じような話題になって、みなさん結構「同居したい」と話されていましたが、私は心の中で「ムリムリ！」と叫んでいました。

――5人のヒロインの中で一番友達になりたいのはどの子ですか？

和氣　みんな好きなので迷いますが、やっぱり流星ちゃんですね。流星ちゃんはなんでもテキパキとこなすし、自立しているし、安心して付き合えると思うんです。ただし隼くんがらみのことでは、嫉妬したり余裕がなくなったりという可愛らしいところを見せてくれる。もし彼女と仲よくなったら、振り回してそういう部分を引き出したいです（笑）。

――隼にはどんな印象がありますか？

和氣　年齢のわりには大人だと思います。ただ、リアカーに「零式」と名づけたり「うん」と返事をするところを「うむ」と言ったりするなど、時々子供っぽくなるところが可愛くて。大人と子供の両面を持っているところがステキですね。

――そんな隼を巡る恋の争奪戦に白菊が勝利するにはどうしたらいいでしょう？

和氣　お料理が上手だから、まず胃袋をつかむことから始めるのがいいですね。そして、絶対に酔っ払わない（笑）。普段からあんなにあらわな姿を見せちゃうと、いざというときに隼くんをドキドキさせられませんから。もし私が白菊ちゃんのそばにいたとしたら、彼女の周りからお酒を一掃します！

――では、もし和氣さんご自身が隼と仲よくなるとしたら？

和氣　隼くんは5人に囲まれておそらくツッコミ疲れていると思うので……〝まとも〟でいることを心がけます。〝平穏〟〝癒やし〟といったスタンスで勝負したい。……あ、これってお酒が入っていない状態の白菊ちゃんですね（笑）。

――（笑）。さて、全12話の中でお気に入りのエピソードを教えてください。

和氣　隼くんを巡るキュンキュン系の展開になかなか参加できなかった白菊ちゃんでしたが、第十二話でようやく「彼女候補宣言」をしましたよね。ということで、もちろん第十二話が一番印象に残っています。

――第十二話といえば、隼の娘が登場する10数年後の場面が描かれていました。あの娘の母親は誰だと思いますか？

和氣　つまり、隼くんが結ばれたのは誰かということですよね？　それはやっぱり、白菊ちゃんだったらいいなとは思いますけど……。選ばれなかった4人が悲しむことになるかもしれないと考えると、答えが出てほしくない気もしますね。

――娘のあのやんちゃっぽい語り口から察するに、白菊ではないかも？

和氣　いやいや、わからないですよ！　隼くんに似たのかも知れないじゃないですか！　最終話で白菊ちゃんは隼くんへの想いを隠さなくてもいい状態になったわけですから、第2期ではきっともっとグイグイいくでしょうし！

――第2期の放送開始が楽しみですね。

和氣　本当に楽しみです。第1期ではずっと賑やかな役回りだった秋水ちゃんのキュンキュンしているところなども見られるかも知れませんし。そして何より、ひと皮むけた素直な白菊ちゃんを演じられることが今から待ち遠しいです。酔っ払った場面では、さらなる大胆なお芝居をお見せしますよ！

Azumi Waki

9月8日生まれ。東京都出身。東京俳優生活協同組合所属。『ウマ娘 プリティーダービー』スペシャルウィーク役、『最強陰陽師の異世界転生記』イーファ役、『異世界ワンターンキル姉さん～姉同伴の異世界生活はじめました～』ソフィ役など多数出演

CAST INTERVIEW ❸

月島流星役 山根綺

流星との共通点は
頑張りやなところ

――流星はアニメの放送開始直後から、急激に人気を獲得しているそうです。

山根　本当ですか⁉　嬉しいです！

――なぜ流星は、こんなにもみんなのハートをつかんだのだと思いますか？

山根　頑張りやさんだからですかね。あと状況によって表情が変わるところも支持された一因かもしれません。隼くんへの恋心が生まれる前は、あえてあざといムーブをしてからかっていましたが、隼くんを意識するようになってからは、かなり奥手ですね。その変化で、意外と不器用な女の子なんだというギャップを知っていただけたのも、流星が好かれる理由のひとつだと思います。

――流星に自分と似ている部分を感じることはありますか？

山根　とにかく「頑張りたい！」と思うところは似ていますね。求められたことに対して期待以上のものを出したいし、自分にとって大事な場所を見つけたら、そこに居続けるために私は何をすべきなんだろうとすごく考えてしまいます。そして、全力を出さないと周りから人が離れていってしまうんじゃないか、という危機感をずっと持っていたりしまして……。

――流星にそっくり。

山根　そうですね。多分流星も私も、基本的に自己肯定感が低いんだと思います。そういう、ある種の自信のなさのような繊細さが出せたらいいなと思って、彼女を演じていました。

――とくに演じるのに苦労した場面は？

山根　やっぱり、第九話の海岸で隼くんと2人きりになった場面ですね。そこで流星は自分の過去と向き合って涙を流すんですが、気持ちをしっかり入れて演じたので私も実際に泣きながら収録していました。精神的にも体力的にも「出し切った」感じでした。

共感できないのは
策士とパンチラ⁉

――流星には共感することが多かったみたいですね。

山根　ほとんどすべての場面で共感していました。私は神社が好きで、大きな仕事が近づいてプレッシャーを感じたときなどに手を合わせに行ったりしているんですけど、一見実力主義者で現実的なタイプに思える流星が隼くんを連れて神社を訪ねた場面では、「わかる！」と強く頷いちゃいました。唯一共感できなかったのは……パンチラしたところ。私は一生することがないと思います（笑）。

――流星は隼へのハニートラップの首謀者になったりしていました。

山根　白菊ちゃんにお酒を飲ませて隼くんに襲いかからせていましたね。そうした策士的なところも、私とは違うかもし

流星に共感して泣きながら演じていました

れません。私はトラップどころかサプライズを仕掛けたことすらなくて。

――策士にはなれないと。

山根　はい。自分の性格の根本に正義感が強いところがあるので、人に嘘をついたり出し抜いたりすることができなくて。サプライズをやろうとしても絶対に顔に出て、すぐにバレてしまうと思います（笑）。

――流星たち5人はマスター就任2か月記念のサプライズを隼に仕掛けていましたが。

山根　私にはできませんね。だって、わざと相手にきつく当たって動揺させておいて、じつは「おめでとう!」……みたいな感じですよね? 絶対思いつかないです。

――なるほど。では話題を変えて、仲よくなりたいヒロインは誰ですか?

山根　友達になりたいのは秋水ちゃんですね。奇想天外な彼女は見ているだけで楽しいですから。一緒に住みたいのは白菊ちゃん。毎日美味しいお料理を作ってもらえそう。あと、彼女は「ご飯は絶対みんなで一緒に食べる」というおばあちゃんとの約束を大切にしていますよね。じつは山根家も同じで。父・母・姉・私の4人家族なんですが、全員が家にいるときは揃って食べるという暗黙のルールがあったんです。そのルールを守ろうとしている白菊ちゃんとは気が合いそうですね。もちろん、一緒に住むとなったらお酒は彼女の手が届かないところに隠します（笑）。

流星が隼を落とすには押しまくるしかない!!

――隼にはどんな印象をお持ちですか?

山根　いい意味で「ずるいな」と思っています。ハーレム作品に登場するような鈍感系ではなく、すごく頭がよくて、5人のヒロインたちのバランスが崩れないように接しているんですよね。例えば、第六話で白菊と流星がトーストサンド対決をしましたが、隼くんはどちらが美味しいかという答えをあえて出さなかった。トーストサンドに優劣をつけることで関係性に影響が出てしまうことを避けたんですよね。その感じが上手いというか、ずるいというか……。ただ、いつもごまかしているだけではなく、言うべきときにはビシッと言うんです。第七話で紅葉のお母さんが訪ねてきたときに「親に反論できないヤツを、なんで助けてやらなきゃならねーんだ!!」と紅葉に告げて、彼女を奮起させたのは本当にステキでした。

――では、山根さんも隼のことを?

山根　ステキと言ったばかりでなんなんですが……私は遠慮しておきます（笑）。隼くんはラッキースケベ的な展開があったときに、いつもは「やめろ!」と毅然としていますよね。でも、秋水ちゃんが彼のパソコンとスマホを壊して「おっぱい揉んどく?」ととぼけたときに、「オラオラオラ!」と揉みしだいていたじゃないですか……。それを見た瞬間に私は「あ、無しだな」と思いました（笑）。これは絶対にダメです!

――ごもっとも! ……とはいえ、流星は隼が好きなわけで。流星が彼を落とすにはどうしたらいいと思いますか?

山根　もう押しまくるしかないと思います。自分の気持ちに素直になって、「こういうところが好きだよ」と具体的に言葉にする。隼くんは意外とピュアなところがあるので、ストレートに押されると結構効くような気がするんですよね。

――一番のライバルは……?

山根　それはもちろん、紅葉でしょう! 流星は彼女に直接宣戦布告みたいなことをされていますしね。それに、紅葉は思わせぶりなことを何度も隼くんに言っていますが、そういう攻撃を続けられると男性はやっぱり気になってきちゃうと思うんですよ。彼女の「思わせぶり攻撃」に対抗するには、やっぱりストレートに押しまくるしかありません!

――第2期では流星にもっと押しまくってほしいと?

山根　はい。振り向いてもらえるように頑張ってほしいですね。そして、そんな彼女の可愛いところや不器用なところをもっと好きになってもらえるよう、私も精一杯演じます。あと、第2期が始まったらぜひやりたいことがありまして……。それは「Familia」のキャストみんなでイベントを開催すること! イベント内で生アフレコか朗読劇もやりたい。この夢は絶対に叶えたいです!!

――では最後に……。最終話で描かれた10数年後の場面では隼の娘が登場しましたが、母親は誰だと思いますか?

山根　娘ちゃんの見た目は、桜花ちゃんに近いかなって思いました。ただ、目は流星にちょっと似ているかなって……。しかもその子が見ていた5人の写真では、なんと流星がセンターだったんですよ! ということで、私は流星説を押したい!（笑） この説を現実のものにするべく、流星にはやっぱりもっともっと押しまくってほしいです!

Aya Yamane

2月4日生まれ。神奈川県出身。青二プロダクション所属。『機動戦士ガンダム 水星の魔女』セセリア・ドート役、『くノ一ツバキの胸の内』ベニスモモ役、『終末のハーレム』山田 翠役、『SHOW BY ROCK!! ましゅまいれっしゅ!!』ルフユ役など多数出演

CAST INTERVIEW 4

鈴代紗弓

鶴河秋水役

秋水の共通点は行き当たりばったり

——収録が始まる前、秋水にはどんな印象を持っていましたか？

鈴代　ぶっ飛んでいるなと（笑）。でも、秋水のような突き抜けた元気感やアドリブを求められるような役はこれまでに何度かやらせていただいていたので、自分のキャリアを生かしながらチャレンジできるキャラクターだなと思いました。

——すんなり演じられましたか？

鈴代　演じやすいキャラと言ってもいいかもしれませんが、だからなのか、スタッフの方からは「もっと（アドリブを）ちょうだい！」「もっとできるよね？」と試されることがとても多かったような気がします（笑）。

——スタッフからは具体的なオーダーもあったのですか？

鈴代　それが、「もっともっと」という雰囲気は絶えずあったのですが、具体的な演じ方に関しては完全にフリーだったんです。おかげで自分の中にあるものを全部出せたという達成感はありつつ、ギリギリまで攻めた演技でいくつもOKをいただいていたので、オンエアーを観る際は「どれが使われてるんだろう？」と、いつもドキドキでした。

——1クール演じてみて、あらためて秋水はどんな娘だと感じましたか？

鈴代　無限大に自由な子、元気はつらつ、能天気、そして脳筋。いろいろな形容ができるなと思いましたが、一番しっくり来るのは「愛すべきおバカ」という言葉かなと思っています。

——秋水に共通点を感じたりは？

鈴代　見切り発車で即行動に出てしまうところですね。いや、私は秋水よりはもう少しいろいろと考えたりすることもあるんですよ！（笑）でも私の場合、熟考したうえで行動すると、よい結果を招くことがあまりないということを自覚しているので、最終的に「行き当たりばったり」に任せてしまう。結果だけを見れば、見切り発車のようになってしまうというわけなんです。でも……秋水も25、26歳になったら、私と同じように考えるようになるかもしれませんね。逆に私も高校生のころは、秋水くらい考えていなかったかも（笑）。

秋水に負けないほどのおバカエピソードが!?

——鈴代さんにも愛すべきおバカエピソードがあったりしますか？

鈴代　愛すべきかはわかりませんが、いっぱいありすぎてひとつに絞れません（笑）。今思い出したのは……数年前の年末のこと。当時使っていたスマートフォンが壊れかけていて、しょっちゅう熱を持つようになっていたんですが、そのたびに冷蔵庫に入れて冷やして使っていたんです。もちろんこれは正しい対処

秋水は自由で元気な「愛すべきおバカ」なんです

法じゃないですよ！　でも、当時は大丈夫だと思っていたんですよね。しかも、「寿命になった電池は凍らせるとまた使えるようになる」という俗説を真に受けてしまい、20分ほど冷凍庫に入れてみたんです。そうしたら当然、結露して完全に動かなくなって……。しかも間の悪いことに、当時の私はまだ事務所に所属していなくて、所属オーディションの結果を待っていたというタイミング。焦りに焦った私は、年明け早々に新しいスマホを買いに行くはめになりました……。

——すばらしいおバカエピソードですね（笑）。また、秋水は身体能力が高いですけど、鈴代さんは？

鈴代　もちろん秋水ほどではないですが、私も体を動かすのは好きです。小さいころから活発なほうで、部活はずっと運動部でしたし、体操、新体操、水泳なんかも習っていました。

——空手は？

鈴代　残念ながらやったことがないですね。でもキックボクシングなど、エクササイズ系の格闘技には興味があります。ストレス発散にもなりそう。あ、もちろん、いくら頑張っても波動拳を出せるようになるとは思っていませんよ！

——（笑）。続いて、印象に残っている劇中のシーンを教えてください。

鈴代　これも多すぎてひとつに絞るのは難しいのですが……。シュールすぎて一番記憶に強く残っているのは、第九話で秋水が海の中で亀と一緒に泳いでいたシーン。おバカとかお茶目とかいうものを超えて、とってもカオスでした（笑）。しかも、あそこまで突き抜けた場面だというのに「秋水ならありうる」と思わせてしまうのが秋水のすごいところです！

東大生・隼とディベートしてみたい

——隼はどんな印象ですか？

鈴代　隼って、相手にとっていいことも悪いこともハッキリと口にしますよね。だから、彼に褒められると本当に嬉しい。しかも、ひとりひとりをちゃんと見ていて、厳しい言葉も褒め言葉もすべて的確なんです。それって本当に優しくないとできないことかもしれませんよね。そんな姿を見せられたら、みんな好きになっちゃうはずです。

——鈴代さんご自身も、隼を男性として魅力を感じていますか？

鈴代　う〜ん……。いい人だとは思います!!　ただ、ちょっと頭がよすぎる感じがしますね（笑）。私は一緒にふざけてくれる人がいいなと思ったり……。まだ19歳であの落ち着きぶりなんですから、25、26歳になったらどうなってしまうんでしょう（笑）。でも、知らない話を聞かせてくれる人も魅力的に感じるので、東大生・隼とディベートをするのは面白そうです！

——隼が鈴代さんにどうツッコむのかも見てみたいです。

鈴代　確かに！「スマホを冷凍庫って！」なんてツッコんでもらうのも楽しそうです。そういう意味では、隼とお近づきになってみたいかもしれません。

——鈴代さんと隼は仲よくなれそうですが、彼は今のところ秋水を恋の相手とは見ていなさそうです……。

鈴代　恋のレースに関しては大幅に後れを取っていますね。そもそも、秋水は恋という感情を自覚しているのかどうか……。ただ、もし自分の恋心に気づいたら、持ち前の運動神経で行動に出るのはめっちゃ早いと思いますよ。隼のことを「好き」と思ったら、どストレートにアプローチをするんじゃないでしょうか。そして、もしかしたら隼くんのハートに秋水のストレートでピュアな想いが刺さるかもしれません。第2期での猛ダッシュの追い上げに期待です！

——また秋水は、桜花とコンビのようになっていましたね。

鈴代　私も秋水以外のメンバーの中だったら桜花さんと一番に友達になれそうです。「わかる〜」なんていう他愛のない会話で盛り上がれそう！　それに、ふざけるところはふざけて、でも一線は越えないように……というバランス感覚が私と似ているなと。もし同じクラスだったら絶対に仲よくなっていると思います。あと、流星とも友達になりたいかも。彼女は自分をしっかりと持っているので、困ったことがあったときに相談したいなって思うんです。とても頼りになる友達といった感じですね。ということで、友達にしたいのは桜花と流星、そして白菊には甘えたいのでお姉ちゃんに、紅葉は憧れの対象なので先輩になってほしいです。紅葉を演じている瀬戸麻沙美さんはデビュー当時からお世話にもなっていたり。第2期の収録でキャストのみなさんにお会いするのが今から本当に楽しみです。

——その第2期に期待することは？

鈴代　第1期で秋水の〝ウォーミングアップ〟はおしまい。第2期ではみんなの周りで賑やかに騒いでいるだけでなく、物語の中心でも大暴れできたらいいなと思っています。そんな秋水をより魅力的に見せられるよう、私もインプットなどを増やして今から準備しておかないと……。やっぱり、空手を始めようかな!?

Sayumi Suzushiro

2月4日生まれ。神奈川県出身。アーツビジョン所属。『この素晴らしい世界に爆焔を！』どどんこ役、『ぼっち・ざ・ろっく！』伊地知虹夏役、『シャインポスト』青天国 春役、『くノ一ツバキの胸の内』アサガオ役、『魔法使い黎明期』ホルト役など多数出演

CAST INTERVIEW 5

鳳凰寺紅葉役　瀬戸麻沙美

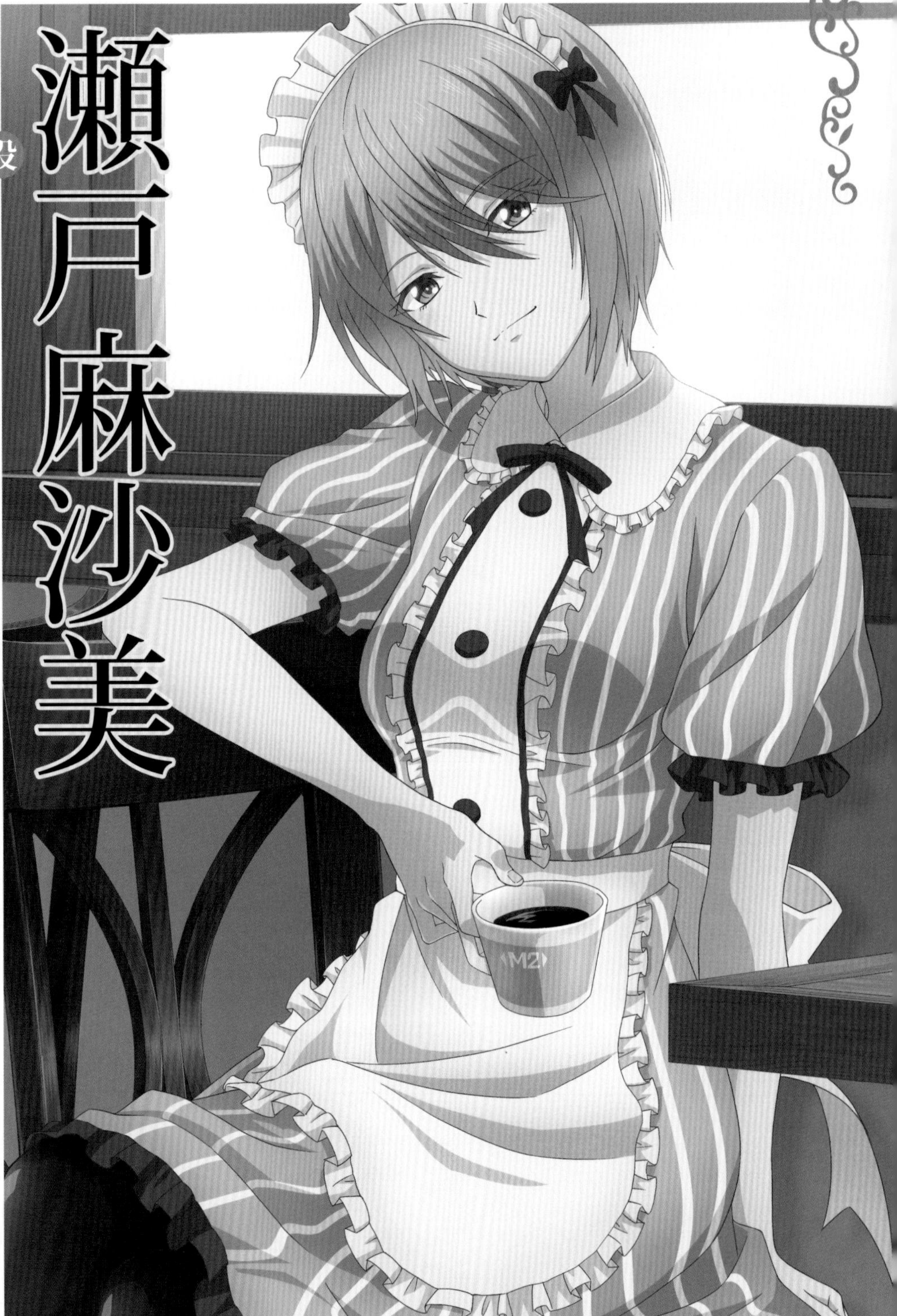

紅葉も私も優柔不断で他力本願

——紅葉を誰かに紹介するとしたら、どんな説明をしますか？

瀬戸　第一印象だと、美女でクールで何を考えているかよくわからないミステリアスな子、ですよね。もちろんそれらも彼女の魅力ではありますが、お話が進んでいくにつれてほかの魅力も見えてくると思うんです。例えば、クールで一匹狼的ではあるけど、6人の共同生活を楽しめる協調性も持っています。みんなが騒がしくしているのを「平和だな」と思いつつ居心地のよさも感じています。あと、彼女が所属しているバンドのライブがあっても、晩ご飯をみんなで一緒に食べるためにちゃんと帰ってくる律義さもいいなって思います。そして、隼に好意を抱いて以降は、彼に上から目線で接したと思ったら、隼のほうが一枚上手で照れるハメになってしまったり……。そんな感じの可愛い一面も見せてくれるようになりました。

——紅葉の母親が訪ねてくる第七話でもさまざまな表情を見せてくれました。

瀬戸　第七話は、私自身一番印象に残っているエピソードです。助けてくれると思っていた隼が、一度自分のことを突き放して、最終的に彼女自身の力で「Familia」に留まれるように取り計らってくれた。紅葉が明確に隼にグッと惹かれた瞬間でした。

——演じる際に意識していたことは？

瀬戸　先ほど「紅葉はじつは協調性がある」と言いましたが、でも雰囲気は一匹狼的なわけです。だから、あんなに楽しそうな共同生活のドタバタの中に飛び込んだり、ましてや乗っかって一緒に騒いではいけない。そうした団らんの場面では毎回スーンとしていることを意識しなくてはならない、というのがちょっとさびしかったですし、とてもキツかったです。

——紅葉に共通点を感じることは？

瀬戸　じつは優柔不断で他力本願なところですね。どうやらお母さんに自分が本当にやりたいことを主張したことがなかったみたいだし、「私は『Familia』に残りたい」という意志をお母さんに伝えるのも、隼にやってもらおうと思っていた。やっぱりお嬢様ならではの甘えのよ

隼を落とすとしたら長期戦を覚悟すべきです！

うなものがところどころで出ているんですよね。これは完全に私の想像ですが、家にはお手伝いさんがいて、そういう人たちがめちゃめちゃ優しく接してくれたのではないでしょうか。お母さんに厳しいことを言われても、優しくフォローしてもらえたと思うんです。

——もしや瀬戸さんもお嬢様だった!?

瀬戸　そこだけは違うんですけど（笑）。でも、ところどころで甘えのようなものが出てくるところは、似ているなって。

頑固だけど素直なのが隼のいいところ

——露出多めな場面が多い本作ですが、とくにドキッとした場面は？

瀬戸　第一話の冒頭の〝はだか祭り〟は、作画のクオリティーも含めてかなり衝撃が大きかったですが（笑）、紅葉でいうと第七話の入浴シーンでしょうか。もっとセクシーな場面が多いから見逃している方もいるかもしれませんが、かなりの露出度なんですよ！　あと、露出度からは離れてしまいますが、紅葉は結構隼に色仕掛けをしているんですよね。

——かなり隼と密着しています。

瀬戸　ああいう「パーソナルスペースに入り込む」というような恋愛ハウツーに、紅葉は興味があるのかな？　とにかく、隼をドキドキさせることには成功していますよね。

——瀬戸さん自身は隼にどんな印象を？

瀬戸　最初は彼の偉そうな態度を「気に入らない」と思っていました（笑）。でも隼ってまだ18～19歳ですよね？　そんな若い男の子に目くじら立ててもしょうがないし、「まあ可愛いものだ」と思うようにしていたんです。でも、流星に経営者としてあるべき態度を教えられたときにわかりましたけど、頑固ではあるけど納得したらちゃんと受け入れる。その素直さはいいなと思いました。

——そんな隼を巡る恋の争奪戦に紅葉が勝つには、何が必要だと思いますか？

瀬戸　私なりに分析したところ、隼のような男の子を落とすのは長期戦になると思うんです。その瞬間の色仕掛けでドキドキさせることはできても、恋に落ちるタイプではない。とにかく、長期間彼のそばにいて、添い遂げる覚悟が必要ではないかと。ずっとそばにいて、気づいたらおじいちゃんとおばあちゃんになっていた……というパターンが隼の恋愛観、結婚観なんじゃないかなって思うんです。だから紅葉には、気長にそばにい続けることをオススメしたいですね。

メンバーに入ったら学級委員的立ち位置に

——では、もし瀬戸さんが彼に近づこうとするならどういうアプローチを？

瀬戸　え!?　無理です。辞退します（笑）。いや、いい男だとは思いますよ！　でも彼の鋭い言葉を受け取り続ける自信はないな～って。それに、たぶん隼も私みたいなタイプを好まないと思うんです。

——2人は相容れないと。

瀬戸　隼はたぶん理系で、すべてのものごとに対して理屈で語ると思うんです。対して私は理屈よりも感情が前に出てくるので……。「だからそれはこうでしょ」なんて理路整然と言われたら、すぐにケンカになっちゃうかも。

——見事に感情が前に出ていますね（笑）。では、もし隼とデートをするなら？

瀬戸　あくまで「もしも私が隼に好意を持っているとしたら」ですけど、100％彼に合わせたデートプランにします。行き先はすべて隼が興味を持つであろう場所ばかり。株式トレーダーのセミナーとか、おそらくギャンブルも好きそうだから競馬場とか……。少しでも気に入らなかったら絶対に「つまらん」とか言いそうなので、それだけは避けたいんですよね。ちなみに、私自身はこのデートを楽しめなさそうです（笑）。

——デートはやめましょう（笑）。もし「Familia」のメンバーになったらどんな立ち位置になりそうですか？

瀬戸　私はヘンに正義感が強いところがあるので、「何かあったら話し合いましょうね」なんて言うような学級委員的ポジションになるかもしれません。そして裏で「瀬戸ちゃん仕切っててウザいよね」と言われてしまうと（笑）。……あれ？　よく考えたら現在の「Familia」の学級委員的ポジションの人って隼!?　もしかしたら私、自分を見ているような気持ちになるから隼のことが苦手なのかもしれません。とはいえ、紅葉が隼と結ばれることは、心から応援していますよ。第2期ではこの2人がもっと接近してくれたらと思っています。

——それが第2期に望むことだと。

瀬戸　そうですね。あと、第1期で提示されたけどまだ真相がまったく語られていないことが結構ありますけど、そうした謎が明かされていくことも楽しみです。例えば、隼の粕壁家と紅葉の鳳凰寺家にはどうやらつながりがあるらしいとか……。私はあえて原作を先のほうまで読んでいないので、いろいろと妄想してしまうんですよね。じつは隼と誰かが姉弟だったという韓国ドラマ的展開になったらどうしましょう!?　怖い怖い怖い！

——では、明るい予想をしてみましょう。

瀬戸　そうですよね！　第2期で観たいシーンは……。朝の日が差し込む「Familia」で、一緒に準備をしている隼と紅葉のほっこりとした場面！　ステキですよね。いや、でも、そうしたほのぼの場面が逆に〝死亡フラグ〟っぽく感じられてきた。このへんで妄想はやめまして、第2期のシナリオが届くのを楽しみに待つことにします！

Asami Seto

4月2日生まれ。埼玉県出身。StarCrew所属。『強くてニューサーガ』ウルザ役、『私の百合はお仕事です！』西園寺寧々役、『テクノロイド オーバーマインド』エリザ役、『陰の実力者になりたくて！』アルファ役、『むさしの！』高砂 調役など多数出演

CAST INTERVIEW ❻

幕澤桜花役 青木瑠璃子

桜花たちがすごいのは共同生活ができること

——桜花を演じる前、彼女に対してどんな印象を持っていましたか?

青木　桜花のビジュアルって、「ラブコメに登場するツンデレ女子の王道」という感じですよね。これまでそういうタイプのキャラクターを演じたことがなかったのですが、やってみたい役ではあったんです。なので演じられると決まったときは嬉しかったですね。

——演じる際に意識していたことは?

青木　先ほど「ツンデレ」と言いましたが、とくに最初のほうは「ツン」が多めで、「デレ」はあまりないんですよね(笑)。それで、どうしても「ツン」の演技のほうに意識が向いていたんですが、あまりキツめにしてしまうのは違うかなと思って、ちょっと優しめに演じたこともあったんです。するとスタッフの方から「もっとやっちゃっていいですよ」という指示をいただきまして。それで物語序盤の隼と衝突する場面では、振り切ってぶつかっていきました。おかげでとても楽しんで演じられました。

——たしかに、流星や紅葉が隼に惹かれていく一方で、桜花はなかなかデレる方向にいきませんでした。

青木　桜花は恋に急いでいないというか、恋愛を人生の軸にしているタイプの女の子じゃないんですよね。恋よりもほかにやりたいことがある。彼女の場合は服飾のデザインですね。私も桜花と似たタイプなので、とても共感できました。

——一視聴者として言わせていただくと、第一話であそこまで隼にぶつかっていた桜花は、恋物語の軸になるキャラなんだろうなと思っていました。

青木　そう思いますよね(笑)。しかも第三、第四話ぐらいに隼とちょっといい雰囲気になったりしたから、私も「やっぱり」なんて勘ぐっていました。でも実際には、おそらくそのときにまだ桜花は恋に落ちていないんです。あくまでデレるのは自分がデザインした服を褒められたときだけ。ですから演じる際にも恋愛成分をあまり出さず、「隼、意外にやるじゃん」くらいの気持ちでセリフを言うようにしていました。

——桜花の「すごい」と思うところは?

青木　大人数で一緒に住めるところです(笑)。とてもじゃないですけど私にはできないと思うので、すごいなって。

——共同生活は難しそうですか?

青木　例えばみんなと一緒にテレビを観たりご飯を食べたりするのは楽しそうだなとは思いますし、そういうシチュエーションに憧れたりはするんですよ。でも、いざ一緒に暮らすことを具体的に考えてみると、「洗濯や掃除は誰がするの?」とか、「お風呂に入るとなったら各々の入浴タイムは何分間にするべき?」なんて細かいことを考えてしまって、やっぱりできないなってなっちゃう。きっと桜

桜花は私と同様　恋愛に人生の軸足を置いていないタイプかも

花たちは人間関係におけるバランス感覚がいいから共同生活ができるんでしょうね。うらやましいし、憧れます。

上坂さんの姉になれて嬉しかった！

——桜花はピラフ以外の料理が壊滅的ですけど、青木さんは……？

青木　じつは、結構料理はできます。ですけど、桜花はおばあちゃんに教えてもらったピラフは作れるのですから、きっとちゃんとしたレシピがあって、それを正しく読み解くことができればできるんじゃないかな？　サラダを作ったときに、ワインビネガーを入れるところをワインを入れて失敗しちゃったというのも、きっとちゃんとレシピを読んでいないからだと思うんです。

——唐揚げを黒焦げにしたのは……？

青木　鶏肉は生よりは揚げすぎたほうがいいのでは……なんて思ってしまったんでしょうかね〜。とにかく、誰か近くにいる人が根気よく教えてあげれば、きっと料理はできるようになるはずです。

——桜花の壊滅的料理のインパクトはものすごかったですが、青木さんは壊滅的エピソードを持っていますか？

青木　私は器用貧乏で、わりとなんでも中途半端にできてしまうんですけど、車の運転だけはまったくダメなんです。そんなこと最初からわかっていたんですよ。でも家族に「絶対免許を取りなさい」と言われて、仕方なく取得したんですが……。やっぱりムリで、免許を取得したばかりのころに近所のコンビニまで行ったきりで、それ以降まったく運転していません（笑）。でも、車に関する「壊滅的」なことはシャレになりませんから、それでいいんだと自分に言い聞かせています。

——話は変わって、第十話には桜花の双子の妹・橘花が登場しました。

青木　じつは最初、私が2役をやるのかなと勝手に思っていて、「楽しみ」と「大変そう」という気持ちで揺れていたんです。そうしたら「橘花は上坂すみれさんが演じます」という話が飛び込んできて、一気に「嬉しい！」という気持ち一色になってしまいました（笑）。実際に上坂さんと一緒に収録していたときは、「可愛い」という感情でいっぱいになってテンションが高まっていましたね。

——青木さんにご兄弟は？

青木　弟がひとりいます。仲はいいんですけど、男女の違いがあるからか、桜花と橘花のように愛憎が混ざり合う親密感はないですね。だから今回、疑似的にではあるけれど上坂さんと姉妹になれて嬉しかったんです。たった1話だけでさよならするのは本当にさびしい。第2期でもぜひ橘花に登場してほしいです！

時々スキを見せる隼は可愛いなと思います

——隼をどのように捉えていますか？

青木　「すごい」のひと言です。当たり前の話ですけど、東大に現役で合格するなんて私には絶対に無理。しかも、相当な努力の末に東大に入ったというのに、休学してカフェを経営するというまったく違う道を選ぶことになるなんて考えられません。まあ、隼本人にしてみたら、東大に入るのもカフェを存続させるのも、どちらもおばあちゃんのためなので、目的は変わっていないということなんでしょうけど。だからといって、なかなかできることではないと思います。

——彼を男性としてはどう思いますか？

青木　頭がものすごくよくて完璧だと思わせておいて、株の失敗なんかを見ているとちょっと抜けたところがある。人に「ザマーミロ」と思わせるスキがあるところが可愛いなって思います。

——桜花と隼がカップルになることは想像できますか？

青木　今のところ、まだ恋のレースに参加しているかどうかわからないといった感じですよね。でも、世の中にはいろいろなカップルがいますし、隼＆桜花という組み合わせだってあり得ないとは言えないと思うんです。

——桜花が隼をゲットするには何をしたらいいと思いますか？

青木　たぶん隼はひとりで生きていける系の人だから、彼の邪魔をしないというのが大事な気がします。例えば隼が「仕事を辞めて海外に行くから」なんて急に言い出したりしたときに、「なんでそんなことをするの⁉」というタイプでは駄目かな。「カフェは私に任せて！」と言えるくらいじゃないと。お互い支え合うというよりも、隣に並んで歩いていくという感じの自立した女性にならなくちゃ……と、桜花には言いたいです。

——では、来たるべき第2期では？

青木　桜花の自立に期待したいですね。そしてもう少し恋愛に軸足を置いてもいいかなと（笑）。あと、秋水が乙女になっているところも観てみたいです。第1期では恋愛方面を流星と紅葉、そして白菊に任せっぱなしでしたが、第2期では桜花と秋水の巻き返しがあるはずです！

Ruriko Aoki

3月24日生まれ。埼玉県出身。アトミックモンキー所属。『便利屋斎藤さん、異世界に行く』フランリル役、『マブラヴ オルタネイティヴ』香月夕呼役、『惑星のさみだれ』キル＝ゾンネ役、『アイドルマスター シンデレラガールズ』多田李衣菜役など多数出演

▶▼隼との初対面は流星の自室。しかも、お尻を突き出した無防備な寝姿を見られてしまうという恥ずかしい出会いであった。

どんな寝相だよ！（隼）

◀▲隼が水着姿の桜花にからかわれていると、流星も水着に着替えて参上！　隼が自分以外の女性と親しくしていると対抗してしまうようだ。

Riho Tsukishima Sexy Cut Collection

くだらないハニトラ仕掛けてくると思ったんだけど……（隼）

◀家を追い出されないように、入浴中の自分を誘惑してくるのでは……という隼の妄想より。流星の表情がなんとも小悪魔ちっく。

▲みんなで銭湯に行く第十一話は、裸いっぱいのサービス回であると同時に、流星が隼への好意をはっきり認識する重要な回でもあった。

女神のエロス３つ星ガイド

流星の下着姿は第一、二、十一話、入浴姿は第一話の妄想、第十一話の銭湯などで観られるが、エッチなシーンの数自体は控え目。しかし、第二話で自らスカートをたくし上げ、隼にパンツを見せるシーンはインパクト大！　いくら人目がないとはいえ、街中での大胆な行動と蠱惑的な仕草は背徳感がいっぱい。

第4章
フィルムストーリー

第一話

「ファミリア」

脚本／大知慶一郎　絵コンテ／桑原 智　演出／武藤公春　総作画監督／氏家章雄、岩崎令奈、時乃キノ、北島勇樹、たかはしなぎさ、川村裕哉、Son ghyeon-ju

「どこかの海辺にある古びた喫茶店。そこには、女神様がいるらしい」

東大に現役で合格した隼は、亡くなった祖母・幸子が経営していた喫茶店「Familia」を畳むため、3年ぶりに帰省。しかし「Familia」に隣接する実家には、祖母が雇っていた5人の女の子、白菊・流星・秋水・紅葉・桜花が暮らしていた。そして両者は、下着姿や素っ裸という無防備な5人の姿を隼が目撃するという最悪の出会いを果たすことに！

赤字だらけの喫茶店はあるだけ無駄だと考えていた隼は、5人を追い出してさっさと店じまいを済ませようと試みる。一方、お店を潰したくない5人は、色仕掛けなどさまざまな策で隼を思いとどまらせようとするが、どれも失敗ばかり。このままでは店の未来は風前の灯！　だが隼は、彼女たちと接しているうちに祖母と店で過ごした過去を思い出していた。さらに祖母が5人との幸せな晩年を過ごしていたことを知り、店を立て直すと決意。こうして隼と5人の共同生活&「Familia」再始動への道が始まった。

桑原監督のひと休み

第一話制作前には、それぞれのキャラクターが本当に思う通りの演技をしてくれるのかドキドキでした。しかし、思っていた以上に『女神のカフェテラス』の世界観をスタッフの方々に構築していただき、安心しました。

「パンツまで汗でビショビショだから、一緒に……」

日替わりの女神様　幕澤桜花

「一緒に
食べませんかぁ？
ご、ご主人様……」

▲“敵情視察”すべく桜花がメイドコスで隼に接近。彼に唐揚げをリクエストされるが、料理の腕が壊滅的なため唐揚げは黒焦げに。

「私がおばあちゃんから
教わった唯一の料理よ」

◀▲初対面時から衝突してばかりの桜花と隼。だが、彼女がおばあちゃんから教わった唯一まともに作れる料理・ピラフは、隼の心を動かすきっかけとなった。

▲流星主導で決行されたハニートラップは、秋水のホットパンツ姿→白菊の泥酔エロスとエスカレートしていくが、結局失敗に……。

本日のアオハル

「誰のために東大入ったと
思ってんだ……」

▼借金がかさみ苦労が絶えなかった祖母の姿を見ていた隼は、彼女を見下してきた奴らを見返すために東大に入ったのだった。

読んでも楽しい！次回予告

隼　「お前らが女神？　タイトル詐欺か？」
桜花「じゃ、どんなのがいいのよ？」
隼　「どこかの海辺にある古びた喫茶店。
そこには、貧乏神がいるらしい」
桜花「いらっしゃいませ〜」
隼　「貧乏神のカフェテラス」
桜花「そんなの誰も観ないでしょ！」

第二話　「おばあちゃんとの約束」

脚本／大知慶一郎　絵コンテ／桑原 智　演出／尾上皓紀　総作画監督／氏家章雄、岩崎令奈、時乃キノ、北島勇樹

住み込みバイト5人との共同生活、そして「Familia」立て直しをスタートさせた隼。とはいえ、まだ彼女たちと打ち解けたとは到底言えず、難題にぶつかってばかり。家事の分担を決めようと提案すれば「おばあちゃんが全部やってくれていた」と文句を言われるし、なんとか全員で掃除を始めたと思ったら、桜花のパンツを見たことでキックを浴びせられる始末……。

そして数日後。店をプレオープンし予行練習を始める隼は、自信満々でコーヒーを淹れる。しかし、紅葉を始め5人には大不評。そのため、幸子からコーヒーの淹れ方を伝授されていた紅葉に頭を下げ、彼女のレクチャーを受けるのだった。

さらに隼は、「Familia」の再オープンを知らせるために流星と共に仕入れ先などへの挨拶回りをすることに。だがその挨拶に誠意が感じられないことを流星にダメ出しされ、心から反省。そして、あらためて店を始めるための覚悟を固めるのだった。

「はたしてコイツらは、
この店を救う女神か、それとも……」

「ガリ勉うんちくたれ
コーヒー不味い店の
マスターさん」

桑原監督のひと休み

第二話は、コーヒーを淹れるシーンがメインの回。美味しいコーヒーの淹れ方を設定進行の方と研究しました。

日替わりの女神様　小野白菊

▲料理が得意なため、みんなのご飯を一手に引き受けることになった白菊。そして「家族だから」と隼に言われ敬語の使用をやめることに。

「私、やります。お料理とか
好きだし、家事は
嫌いじゃないので」

◀温和な白菊だが、みんなで一緒に食卓を囲むことだけは強く主張。おばあちゃん（幸子）とのつながりを大切にしているようだ。

「これだけは、おばあちゃんとの
約束だから。ご飯は家族で
一緒に食べること」

▼▶コミュニケーション能力に長けている流星は、仏頂面の隼とは正反対で、仕入れ先のみなさんへの愛想の振りまき方が完璧！

本日のハンセイ

「自営業なめんじゃないわよ！　世の中
アンタ中心に回ってるわけじゃないの！」

◀反省する隼を見て言いすぎたと思った流星は、お詫びに自らパンチラを披露。この挨拶まわりで隼との距離は縮まったが、まだ恋愛対象ではなかったようだ。

読んでも楽しい！次回予告

流星「どう？　女子大生のパンチラ」
隼　「お前ら、痴女だったのか」
流星「はぁ⁉」
隼　「おかしいと思ったんだ。
　　いつもいつもお前らに
　　下着や裸を見せられていたんだな！」
流星「違うよ！　痴女は菊ちゃんだけだから！」
白菊「えっ⁉　どういう意味⁉」

第三話

「開店！」

脚本／森田眞由美　絵コンテ／セトウケンジ　演出／神崎ユウジ
総作画監督／氏家章雄、岩崎令奈、北島勇樹、山下 悟、Re岳

「カフェテラス『Familia』、本日より再開だ!!」

桑原監督のひと休み

不破という悪役がメインで登場する第三話。彼をどこまで悪役にさせることができるのか、試行錯誤していました。でも、どこか憎めませんよね……。

「隼くん、15年前と全然変わってないね」

顔を合わせればケンカばかりしている隼と桜花。このままでは店にも悪影響を及ぼすと流星に諭された隼は桜花のご機嫌をとろうとするが、口をついて出てくるのはトゲのある言葉ばかり。ところが、桜花が作った「Familia」用の衣装を褒めたところ、彼女は大感激！ それをきっかけに、2人の仲は少し改善された。

パソコンを秋水に壊されたり、コツコツ行っていた株式投資に大失敗したりといったトラブルこそあったが、なんとか再オープンの日を迎える「Familia」。隼が淹れるコーヒーも常連客から好評で、滑り出しは順調だ。だが、祖母の幸子に金を貸していた街の名士・不破の来店により雰囲気が一変してしまう。嫌味なうえにセクハラまで行う不破。それに業を煮やした隼は、凄みを利かせて不破を追い払った。そして、隼に守られたことが嬉しかった白菊は、「15年前と変わってない」という意味深な言葉をひとりつぶやくのだった……。

日替わりの女神様　鶴河秋水

▲▶いつになく神妙かつ恩着せがましい雰囲気の秋水。それはダンベルを落として隼のパソコンを壊したことをうやむやにするためだった！

「なんでだと思う？　みんながこんなにも早くはやっちに馴染めたワケ」

「まぁまぁ、とりあえずおっぱい揉んどく？」

◀▲パソコンを破壊されて大激怒の隼に自分のおっぱいを差し出す秋水。だがその行為は、彼の怒りの炎に油を注ぐ結果に……。

本日のブチギレ

「オレの気が変わらないうちにお帰りいただけますか、ジジイ」

◀▼▶傲岸な態度の不破に襲いかかろうとする５人を制した隼。そして白菊のスカートをつかんだ彼の手をひねり上げ、追い払った。

◀お金を貸してもらっていた不破に頭を下げてばかりだった幸子。その光景を目にしていた幼い日の隼は、祖母を助けたいと強く思うようになった。

読んでも楽しい！次回予告

秋水「はやっち、ゴメン！　パソコン代は弁償するから！」
隼「お前の給料の何か月分だと思ってるんだよ」
秋水「大丈夫！　オオクワガタに旦那さんを殺された未亡人からメール来て、返事を送ればお金くれるって！」
隼「それは迷惑メール！」
秋水「はやっちのパソコンから～送信！」

第四話「桜まつり！」

脚本／森田眞由美　絵コンテ／桑原 智　演出／川西泰二　総作画監督／氏家章雄、岩崎令奈、時乃キノ、北島勇樹、ウクレレ善似郎、Re岳

「悪いのは全部隼くん！」

桑原監督のひと休み

「桜まつり」で着る新衣装や新しい美術設定など、一話限りの設定祭りが繰り広げられたので大変でした。あと「竜巻旋風脚」はやってよかったです。

「桜まつりに奇襲攻撃をかける！」

オープンしてすぐは賑わいを見せていた「Familia」だったが、次第に閑古鳥が鳴く状況に。そこで隼は、近く開催される「桜まつり」に出店して起死回生を図ることにした。

桜まつり用の新メニュー開発は、白菊が気化したアルコールを吸ってエロ状態になり隼に迫るというお約束パターンが発生し失敗。だが、紅葉が幸子と一緒に考えたクッキーのレシピを持っていたため、新メニュー問題は無事解決。さらに桜花がいつもの衣装にアレンジを加えて……さあ、準備は整った！

桜まつりに乗り込む隼たちだったが、不破の孫が率いるガラの悪い連中に桜花がナンパされたことをきっかけにいざこざに巻き込まれ、連中に出店を破壊されてしまった。だが隼は転んでもただでは起きない。今度はリヤカーで桜まつりに乗り込みコーヒーの移動販売を開始して大繁盛！　そしてその帰り道、隼たちは再び不破の孫たちの襲撃を受けるが今度は見事に撃退。溜飲を下げるのだった。

日替わりの女神様　幕澤桜花

「カチューシャの
飾りを桜に」

◀▲エプロン部分にフリルを増やして花っぽさを演出し、さらにカチューシャの飾りを桜仕様に。桜花による桜まつり用にアレンジされた新衣装は、秋水たちからも大好評！

▲▶疲労のため居眠りしたうえにガラの悪い連中を引き寄せてしまい反省する桜花。だが、隼は衣装作りの貢献度を高く評価していた。

「ホントに邪魔ばかり
してる役立たずね」

本日のハンゲキ

▲襲ってきた不破の孫たちを、秋水は桜花がカチューシャに仕込んでくれた桜の“ミサイル”と「昇龍拳」で見事に撃退した。

「せっかく綺麗に飾りつけたんだ。
指一本触れさせてたまるかよ」

◀▲桜花が飾りつけをしてくれたリヤカー（「Familia 零式」）を守りたかったという隼にドキッとする桜花。ただ、「恋に落ちた」というより「見直した」という感じか!?

読んでも楽しい！次回予告

桜花「パラリラパラリラ～」
秋水「あれは、伝説の女総長！
狂犬の桜花サン！」
桜花「みんな、あたいに着いて来なっ」
5人「うーす!!」
隼「のちに全国制覇する伝説のレディース
『Familia』はこうして生まれた……」
5人「パラリラパラリラ～」

第五話 「定休日」

脚本／大知慶一郎　絵コンテ／上間由梨、桑原 智　演出／上間由梨　総作画監督／氏家章雄、岩崎令奈、時乃キノ、北島勇樹、ビート、Re岳、奥嶋大介、寿 夢龍

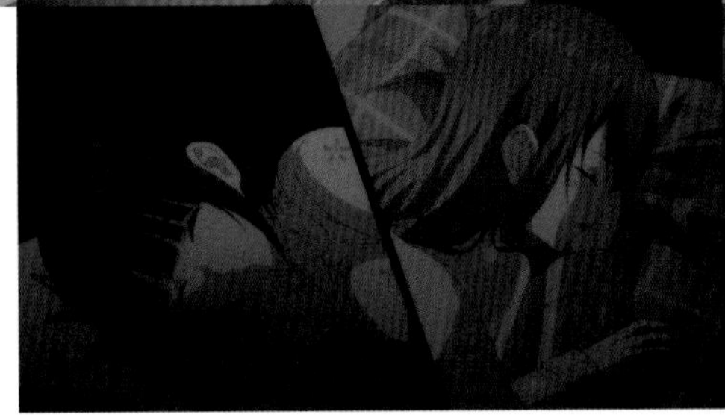

「あんまり無理しないほうがいいんじゃないの？」

大学から早めに帰宅して自分のシフト以上に働いている流星。みんなが寝静まった深夜にまでＳＮＳで店の宣伝をするなど、その多忙ぶりは紅葉が「ムリしないほうがいいんじゃないの？」と心配するほど。見かねた隼が流星に声をかけると、かつて家族のことで悩んでいたときにおばあちゃん（幸子）に救われたため、どうしても店を繁盛させたいのだという。そんな流星に隼は「マスターのオレがしっかり店を立て直す」と力強く告げた。

そして定休日。街に買い物に出た隼は、紅葉がボーカルギターを務めるバンドのライブを観ることに。思わぬ展開に紅葉は恥ずかしがるが、隼は彼女の歌を気に入ったようでバンドのＣＤを自腹で購入。紅葉を驚かせた。

さらに1週間後の定休日。またしても隼が買い物に出たあと、5人の話題は彼のことに。桜花や流星から否定的な意見が出るなか、紅葉だけは「私はアリ」と宣言し、みんなをビックリさせるのだった。

「私は別にアリだけど……なんちゃって」

桑原監督のひと休み

第五話は紅葉のライブに尽きます。この約90秒のシーンのためだけに、多くのスタッフの努力が込められています。本当に最高のシーンを作ることができて、スタッフのみなさんには感謝しています。

日替わりの女神様　月島流星

「私が来たからにはもう大丈夫よ！」

▲▶店が人手不足のときにはどこからともなく登場！　そして笑顔で接客！　誰よりも長時間、熱心に働いている流星なのだった。

▼かつておばあちゃんが言ってくれた「自分のために生きていい」という言葉を、隼にもかけられた流星。そして、彼に恋心を抱くように……。

「じゃあいいのかな……。
隼くんのこと頼りにしても……」

本日のライブ

◀▶「Familia」の子たちにも見せたことがないライブでの姿を、隼に見られて恥ずかしい紅葉。「バンドなんてただの遊び」と照れ隠しのように語るが……。

「バンドなんて
ただの遊び……。
ヒマ潰しだから……」

読んでも楽しい！次回予告

白菊「あれ、このCDは……」
隼「あ～、それは紅葉の……うわ～!!」
白菊「あ～～～！　隼くんの額に
ギターのピックが～！」
紅葉「それ、呪いのCDだから」
白菊「えっ!?」
紅葉「聴いたら死ぬよ、隼みたいに」

◀隼にバンド活動を本気でやっていることを見抜かれたうえに、「紅葉の歌に心を動かされた」と言われた紅葉。彼女はその言葉を心から嬉しく思うのだった。

第六話 「2か月！」

脚本／森田眞由美　絵コンテ／桑原 智　演出／平向智子　総作画監督／氏家章雄、岩崎令奈、時乃キノ、山下 悟、本田敬一、米本奈苗、Re岳

「Familia」で出す幸子仕込みのトーストサンドの作り方を白菊に習う隼。その仲よさそうな様子を見てもやもやする流星……。なんと彼女は2人の間に割り込み、白菊とトーストサンド対決を行うことに！

一方、普段はうるさいくらいに明るい秋水がなぜかとっても大人しい。隼と桜花は、その原因を空手の試合で負けたことだと考え、彼女を励まそうとする。ところがとっても秋水らしいおバカな敗因を聞き、隼も桜花もあきれることに……。

店が大忙しだったのに5人が仕事に打ち込んでくれず、イライラする隼。だがそこで彼は、いつの間にか家族と従業員の境界を忘れ、彼女たちに甘えていたのではないかと気づく。そして、家族ごっこはもうやめて、他人同士ということをハッキリさせねばと考えていると……。なんと5人は「マスター就任2か月記念」のサプライズパーティーを開催！ 結局、隼は5人との家族の絆をより深く感じたのだった。

「オレにはもう、家族なんていないんだった」

「マスター就任2か月おめでとーーー!!」

桑原監督のひと休み

第六話は、ヒロインたちの隼に対する感情が変わってきたことを表現する話数でした。登場するキャラクターたちの一体感が出たよい話になったと思います。

日替わりの女神様　鶴河秋水

▼▶空手の試合で敗戦し落ち込んでいた秋水。だがその敗因は、試合中に「波動拳」を出そうとしたというとんでもないものだった！

「勝てないのは私がダメだからだよ」

◀隼と桜花に励まされて元気が出た秋水は、その場で「昇龍拳」を繰り出そうとするが……。誤ってダンベルを落としてしまい隼のパソコンを破壊。怒りを買うことに！

「昇〜龍〜……!!」

◀おばあちゃん仕込みの白菊VS新機軸の流星のトーストサンド対決。どちらかに優劣をつけたくない隼が試食を拒否したためドローに。

「私のほうが美味しいって……」「隼くんに言ってほしかったのに」

◀▼結局お互いのトーストサンドを褒め合う白菊と流星。かたや隼が作った黒焦げ失敗サンドを「美味しい」という秋水はバカ舌の持ち主？

読んでも楽しい！次回予告

隼　「乳、揉ませろ〜〜!!」
秋水「はやっちがおっぱいゾンビになっちゃった〜!!」
桜花「どうすればいいのよ〜!?」
秋水「ここは私が食い止めるから、先に逃げて〜！」
隼　「おらおらおらおら〜！」
秋水「うわ〜〜〜！」
桜花「ゾンビ映画によくある展開!?」

第七話

「アタシの1年」

脚本／大知慶一郎　絵コンテ／桑原 智　演出／松島未恵　総作画監督／氏家章雄、岩崎令奈、山下 悟、寿 夢龍、北島勇樹、奥嶋大介、ビート、Re岳、笛木優奈

「やめるつもりか？　この店」

いつになくほかのメンバーを気づかう言葉をかけ、どこか物憂げな様子を見せる紅葉。それを見た隼は、彼女が店を辞めようとしていると察し、"デート"に誘うのだった。デートの最中、紅葉から幸子直伝のコーヒーの淹れ方を教わる隼。その後、場所を「Familia」に移し、隼に「最後の1杯」を淹れた紅葉は、自分が貿易商を営む名家の跡取りだということ、さらに家に戻ってこいと母親に言われたことを明かした。だが、ほかのメンバーから引き止められた紅葉は、「Familia」を去りたくないという本心を吐露するのだった……。

母親を前にして自分の気持ちを語ることができない紅葉。だが隼に叱責されたことで覚悟を決め、母親に自分で淹れたコーヒーを差し出した。そのコーヒーの美味しさに、これまですべて中途半端だった紅葉が現在は本気で仕事に臨んでいると悟る母親。そして彼女は隼を信頼できる人物だと察し、紅葉を連れ帰ることを断念するのだった。

「なんとかしてよ、隼……」

桑原監督のひと休み

第七話は、紅葉の母親が登場する話であり、紅葉の内面を描くことと、カフェに対する一同の気持ちを描くシリーズ中盤の大切なお話でした。丁寧に紅葉の内面を描くことができたと思うので、完成したときは嬉しかったです。

「半端な覚悟でやってきたことなら全部やめちまえ!!」

日替わりの女神様　鳳凰寺紅葉

「きっとこれが最後だね。アタシが隼にコーヒーを淹れてあげるの」

▼店を去ると覚悟を決めた紅葉。さらに「おっぱい揉んどく？」とおどけるが、柄にもないことをしたせいで即赤面。

▲親に立ち向かう勇気をくれた隼に素直に感謝する紅葉。そして、「コーヒーを一生淹れてあげる」とプロポーズめいた言葉を彼に告げるのだった。

「心配しなくても、一生淹れてあげるよ」

本日のハハオヤ

「ライバルが多くて大変そうですけど、鳳凰寺家の女なら勝ち取りなさい」

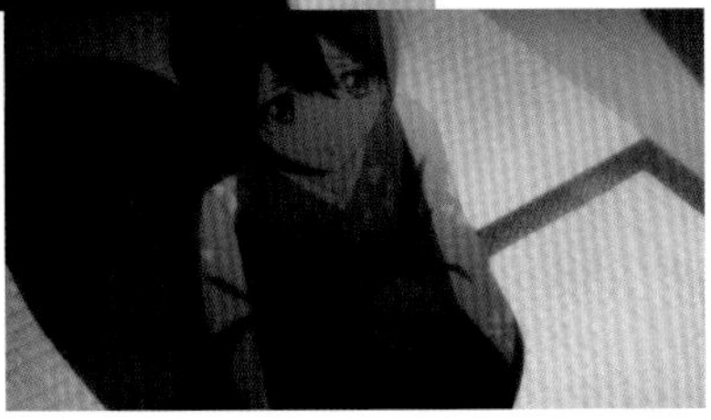

▲▶幼少期から母親に厳しくしつけられていた紅葉。当時はお茶をろくに点てられなかった彼女が手際よくコーヒーを淹れたことに、母親は心から驚いた。

▲▶隼との間にある“縁”があると気づいた母親。そして彼を巡る恋の争奪戦へのエールを紅葉に贈り、「Familia」を去るのだった。

読んでも楽しい！次回予告

桜花「紅葉ちゃんて昔は黒髪清楚なお嬢様だったんだ」
流星「バンドやってなかったら菊ちゃんとキャラかぶりしてたかも……」
秋水「大丈夫！　白菊さんはお酒を飲むとどスケベに……」
桜花「ストップ！　秋水ちゃん！」
白菊「いま、ヘンなこと言いかけなかった？」

「海の家をやろうと思う！」

第八話 「海の家！」

脚本／森田眞由美　絵コンテ／桑原 智　演出／前田基匡　総作画監督／氏家章雄、岩崎令奈、山下 悟、奥嶋大介、ビート、Re岳、笛木優奈、時乃キノ

夏本番。隼はこの夏の「Familia」を一層盛り上げるべく、本店と並行して海の家をオープンさせると宣言した。夏の間、お盆以外は休みなしで働くことになりそうだと驚く一同だったが、結局彼の提案を飲むことに。一方、隼が何気なく提案した新バンド名「もじゃもじゃ髭ガール」を紅葉が採用したと聞いた流星は、紅葉が隼のことを本当に好きなのかもしれないと考えるようになった。

隼を巡る人間関係が確実に変化しつつあるなか、看板メニューとしてスイカパフェを制作、ホームページのリニューアル、そして露出多めの新衣装を用意して、ついに海の家「シーサイドカフェ Familia」がオープン。初日から大盛況に！

隼と紅葉が仲よさそうに話している姿にイライラしつつ、海の家でいつも以上に忙しく働く流星。だがその頑張りがたたり彼女は熱中症で倒れてしまった。そして流星は、心配して駆けつけた隼に珍しく甘え……!?

桑原監督のひと休み

海開きの第八話。海の家が舞台となり新コスチュームが解禁になりました。メインキャラクターのメインコスチュームが全12話で3回変更されることはあまりないパターン。見せ方が楽しい反面、スタッフは大変です。本当にありがとうございました。

「いらっしゃいませ！シーサイドカフェ『Familia』へようこそ!!」

日替わりの女神様　月島流星

「さすがのオレも
ちょっと
取り乱したじゃねーか」

▼倒れている間、中学生時代の嫌な夢にうなされた流星。目を覚ますと本気で心配している隼がいてくれて、嬉しく思うのだった。

「もうちょっとだけ
一緒にいて……」

▼▶隼の手を自分の頬に持っていき、「怖い夢を見たから一緒にいて」と懇願。流星はまるで子供のように甘える姿を見せた。

本日の
センデン

「やっぱりワクワク
するよな、夏の始まりって」

▲海の家の宣伝に使うため、海辺で５人を撮影する隼。はしゃぐ彼女たちを眺めつつ、夏のワクワク感を噛みしめるのだった。

▲▶撮影中、ずっとふざけてばかりだった秋水。でも、どうやらそんな彼女の写真もバズったようで、店の宣伝のプラスになった。

読んでも楽しい！次回予告

紅葉「みんな……もじゃもじゃ髭ガールの
ライブに来てくれてありがとう。
私たちもじゃもじゃ髭ガールは、
もじゃもじゃ髭ガールにしかできない、
もじゃもじゃ髭ガールの音楽で、
もじゃもじゃ髭ガールを応援し……」
隼「お前、それ言いたいだけだろう！」

第九話 「流星と、その過去」

脚本／森田眞由美　絵コンテ／桑原 智　演出／松村幸治　総作画監督／潮月一也

「せいぜい楽しまないとね！」

「海ーー！」

隼に休暇をもらい、海で羽を伸ばしてリフレッシュした5人は、再び海の家でのお仕事を開始。そして、天才的な接客術を見せる流星の働きぶりもあり、海の家はますます盛況になり、なんとテレビ局の取材を受けることになる。だが、撮影スタッフのひとりが〝流星が15年前に大ブレイクした天才子役だった〟と口にしたため、隠していた過去を掘り起こされることを恐れた流星は店を飛び出してしまった。

流星には、自分が人気子役だったがゆえに両親が不仲になり、家族を失うという悲しい過去があった。その事実を知った隼は、流星が子役時代に培った社交性があったから店を軌道に乗せられたと彼女に感謝の言葉を告げる。隼の言葉により自分の居場所を見つけられたと感じた流星は、あまりに嬉しくて彼に抱きついて大号泣。

さらに翌日、「昔のことなんて関係ない」と白菊たちが流星を受け入れたため、「Familia」に、いつもの日常が戻るのだった。

「15年前に大ブレイクした天才子役、月島流星だよ！」

桑原監督のひと休み

第九話は流星の過去が表現される大切な話数で、あえて多くを言わず、受け止め、支える、隼のかっこよさが表現される物語でもあります。隼は常に周りの仲間を見ていて、先回りして待っていてくれる、優しい男ですね。

「昔がどうだったかなんて関係ないよ。今はただの家族じゃない」

日替わりの女神様　月島流星

「海辺の寂れた喫茶店なら、
誰も気づかないと思ったのに……」

「私、隼くんと
一緒にいる！
ずっとここにいる!!」

◀▲隼のことを本物の家族だと感じた流星は、彼とずっと一緒にいると宣言し、「頭撫でて」と甘えるのだった。

「全部演技だから、
本気にしないでね？」

▶抱えていたものを隼に吐き出してスッキリした様子の流星。翌日には顔を赤らめながらも、「昨日泣いたのは演技」と告げ照れかくしをした。

本日のルスバン

「ヒマならコーヒー淹れる
練習してみる？」

◀▲紅葉と桜花は本店で留守番。「桜花がコーヒーを淹れられるようになれば本店を任せられる→自分は海の家で隼の側に……」と目論み桜花に淹れ方を伝授しようとする紅葉だったが、桜花はまったく上達せず、早々にあきらめた……。

読んでも楽しい！次回予告

秋水「流星さんも昔は黒髪清楚キャラ
だったんだね～」
桜花「でも白菊さんとキャラかぶり……」
白菊「フフフフ。は～や～と～く～ん、
組んずほぐれつ汗まみれになろう～」
隼「やめろ～～～！」
桜花「あ～、このキャラは誰とも
かぶらないか……」

第十話

「桜花と橘花」

脚本／大知慶一郎　絵コンテ／桑原 智　演出／松島未恵　総作画監督／氏家章雄、岩崎令奈、時乃キノ、米本奈苗、Re岳、山下 悟、ビート、笛木優奈

「私の家族と
このお店を
バカにしないで」

いつものように面白グッズで桜花に絡もうとする秋水だったが、冷たく突き放されてしまいビックリ。じつはその女性は、桜花にソックリな双子の妹・橘花だった。両親に頼まれ、デザイナーになるといって家を出た桜花の様子を見に来たという橘花は、バイト三昧なうえに男ひとり女5人で共同生活をしている桜花の姿に文句が止まらない。さらにほかのメンバーに対しても辛辣な言葉を投げつけた橘花に、桜花は平手打ちをお見舞いしてしまう。

東大生になるという両親の期待を橘花に押しつけ自分は好きなことをしていることを申し訳なく思う桜花は、妹のことが気がかりで仕事が手につかない。見かねた隼は、橘花との仲直りの機会を作るべく桜花に休暇を与えた。

橘花と2人きりで話した桜花は、彼女が桜花を恨んでいないどころか、誰よりも応援してくれていると知る。そして仲のいい姉妹に戻ることができた2人は、一緒に「Familia」のカボチャチーズケーキを頬張るのだった。

「橘花は私にとって大切な妹だよ」

桑原監督のひと休み

第十話は桜花の妹である橘花が登場する物語。橘花を、5人の強烈な個性あるヒロインに負けないようなキャラクターとして作り上げなければいけないため、作画の方々にも頑張っていただきました。

日替わりの女神様　幕澤桜花

「私はあの子に嫌なことを
全部押しつけたダメな姉なのよ」

▲◀橘花との微妙な違いを見分けられるほど桜花のことをよく見ている隼は、2人の「仲直りしたい」という願いも見抜いていた。

「お前はウチで一番
愛情深いヤツだからな」

▶自分のことをちゃんと見てくれているうえに、橘花に対しても寛大に接してくれた隼を、桜花は「ちょっとかっこいい」と見直した。

本日のドッペル

◀▲▶「ふざけてんの？　真面目に働きなさいよ」と桜花（じつは橘花）に言われた秋水は、ショックを受けて逃げ出し、寝込むのだった。

「桜花さんと同じ顔の人に
怒られるのはきつかったけどね〜〜」

▶▼変装して店を訪れた橘花は、面白マスク姿で出迎えた秋水の姿に思わず吹き出した。姉同様、秋水のセンスが好きなのか？

読んでも楽しい！次回予告

秋水「橘花さんも、桜花さんとおんなじツンデレさんなんだね」
流星「しかもメガネ属性で東大生……」
隼　「完全に桜花の上位互換じゃねーか」
桜花「まさかのヒロイン交替⁉」
隼　「いや、そこまでは……」
桜花「まて〜い！　桜花はヒロインやめへんで〜〜‼」

第十一話　「恋の火花」

脚本／大知慶一郎　絵コンテ／桑原 智　演出／上間由梨　総作画監督／氏家章雄、岩崎令奈、奥嶋大介、時乃キノ、山下 悟、ビート、笛木優奈、りゅっち

「流星はどうなの？　隼のこと、どう思ってんの？」

みんなで花火をしながら夏の終わりを感じる「Familia」のメンバー。その晩、隼の部屋を訪れた紅葉は冗談めいた形で彼に告白するが、その〝答え〟はなんとなくうやむやに。

そんなある日、家の風呂が壊れてしまったため、6人は町の銭湯へ足を運ぶことになった。湯船に浸かりながら、紅葉は隼に対する気持ちを流星に問い詰め、さらに自分は告白したと告げる。紅葉の宣戦布告ともとれる発言に衝撃を受けつつも、今は恋愛よりも店を立て直すことが大事だと自分に言い聞かせ続ける流星。だが、隼と2人だけで買い物をした帰り道、ついに「好きになったみたい」と告白!!

恋のライバル関係となった流星と紅葉。隼に密着する紅葉に流星がブチ切れるというバチバチな瞬間があり、さらには隼が流星と紅葉にからかわれていたのだと勘違いしてしまうという想定外の展開もあったが、2人は「今後遠慮はしない」と確認し、お互いの健闘を誓い合うのだった。

「私……隼くんのこと、好きになったみたい」

桑原監督のひと休み

第十一話は紅葉と流星が隼に告白する話。この2人の今までとは異なる新たな一面が表現できればよいと思い、キャストの方々には難しい注文をしてしまったのですが、私の想像を遥かに超える演技が返ってきたので大満足でした。

「ここはガールズバーじゃないのよ!!」

日替わりの女神様　鳳凰寺紅葉

「家族だって勝負は勝負。
負けないからね」

▲▶「I love you」を「月が綺麗ですね」と訳したという夏目漱石の逸話を引用して告白する紅葉。「店の立て直しに専念したい」という隼の返事を、「一旦保留」と前向きに捉えるのだった。

「ねえ隼、今夜は星が綺麗だね」

◀秋水の奇妙な介入により、隼は流星と紅葉による「隼争奪戦」はただの遊びだったと勘違い。ショックを受けて店を飛び出してしまう。

本日のセントウ

「今日は私たちの
貸し切りみたい」

▲銭湯がほぼ貸し切り状態だったため、秋水は桜花に石けん手裏剣やスライディングタックルをお見舞いするなど大はしゃぎ！

▲▶たまたま銭湯にやって来た和菓子屋のお姉さんと一緒に入浴するメンバー。お姉さんが仕掛けてきた恋バナに秋水以外はタジタジ。

読んでも楽しい！次回予告

秋水「最終回を予想しよう！
バトルトーナメント!!」
隼「誰と戦うんだよ！」
桜花「隼くん、追放」
隼「おい！」
紅葉「隼と結ばれる」
隼「おい！」
流星「隼くんと恋人に」
隼「もうだまされねーぞ！」
白菊「にゃんにゃんにゃ～ん！
隼くんと子作り～♡」
隼「脱がすな～！」

第十二話「二つの出会い」

脚本／大知慶一郎　絵コンテ／桑原 智　演出／川西泰二　総作画監督／野口征恒、氏家章雄、岩崎令奈、奥嶋大介、時乃キノ、山下 悟、ビート、Re岳、笛木優奈、りゅっち、寿 夢龍、佐藤 好

「私だって好きな人はいるよ……。だけど両想いになれたとしても絶対に付き合えない……」

新メニューの開発中、「好きな人と両想いになったとしても絶対に付き合えない」という意味深な言葉を隼に打ち明けた白菊。そんな白菊が自分の知らない祖母の過去を知っていると感じ、隼は彼女に詰め寄った。すると白菊は、シェフを辞めてスペインから帰国し「Familia」を開店した幸子と幼少期に出会っていたこと、さらに少年時代の隼にも会っていたことを彼に告げた。それを聞き過去に思いを馳せた隼は、祖母が自らの夢を捨てたのは両親を亡くした自分を育てるためだったと考え、祖母の人生の邪魔をしたのだと思い詰めてしまうのだった。だが白菊に「おばあちゃんは隼くんの成長を見るのが何よりも嬉しかった」と聞かされ、隼は幸子の愛情が詰まった「Familia」を潰すわけにはいかないという思いを新たにする。

そして、ひさしぶりの定休日にピクニックに出向く6人。そこで白菊は改めて隼の彼女候補になると宣言！　ヒロインたちの恋のバトルがさらに激化することを予感し、先が思いやられる隼なのだった――。

「あなたはおばあちゃんにとっての生き甲斐だったの！」

「私も隼くんの彼女候補になれるんだ!!」

桑原監督のひと休み

絵コンテを描いているときに、幸子さんの気持ちを考えると泣けて泣けて……。描きながらボロボロ泣いていたのを思い出します。自分の息子を失った悲しみ、そして虚無感を、孫の隼の存在に助けられたのだなぁと。

日替わりの女神様　小野白菊

「さあ……
みんなが帰ってくる前に
やっちゃおっか」

▲▶新メニュー開発中、酔った白菊はエロく迫る！　ただしこのときの「一番初めに隼くんを好きになったのは私なんだから！」というセリフは、彼女の偽らざる本音だろう。

▲▶「彼女候補発言」の直後、誤ってワインを口にした白菊は「隼くんのことが好きなのー！」とのエロエロニャンコ状態に!!

「お料理の次は、
子供作ろっか♡」

▲▶ 10 数年後――。まだ実家で暮らしているらしい隼には中学生の娘がいた。「この写真ってママだよね」という発言から察するに、彼女の母親は 5 人の中にいるようだが……。

本日の
ミライ

「いつママのこと、好きになったの!?」

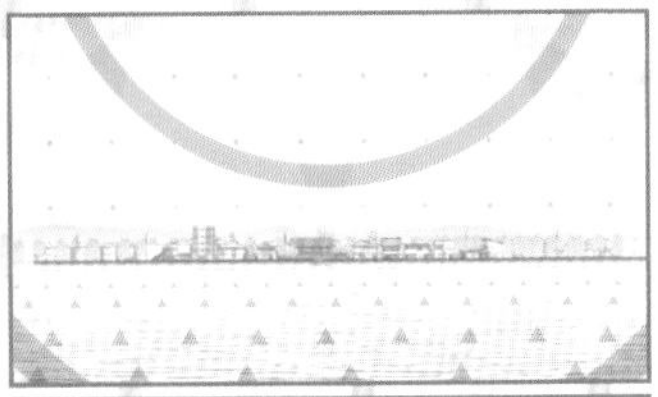

OP

「運命共同体！」

●楽曲スタッフ

歌・作詞／音莉飴　作曲／音莉飴、メブキユウ

編曲／ MARUMOCHI　レーベル／ fanfarecord

●アニメスタッフ

絵コンテ・演出／セトウケンジ

総作画監督／野口征恒、岩崎令奈、氏家章雄、米本奈苗、山下 悟

桑原監督の ひと休み

「軽快なOPに乗って5人の元気いっぱいな姿を描いていただきたい」と、絵コンテ・演出を担当してくれたセトウ（ケンジ）さんにはお願いしました。また、本編の一部分を切り取ったようなOPではなく、デザイン的なOPにしてほしいともお願いしました。

「ドラマチック」

●楽曲スタッフ
歌／佐藤ミキ　作詞／上坂梨紗
作曲・編曲／塩野 海　レーベル／ SACRA MUSIC
●アニメスタッフ
絵コンテ・演出・原画／コッペパン、茅原 渡
総作画監督／岩崎令奈

ED

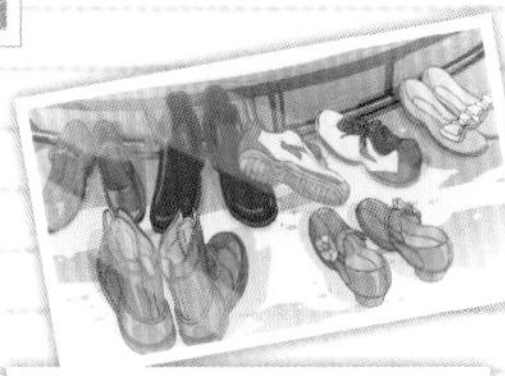

桑原監督のひと休み

「5人のヒロインの描かれていない日常を描いてほしい」と絵コンテ・演出を担当していただいた茅原（渡）さんにはお願いしました。また、少し大人な雰囲気のおしゃれなテイストも映像表現として描いていただきたいともお話ししました。

Ami Tsuruga Sexy Cut Collection

今日もほれぼれするような腹筋ですなぁ

▲鍛錬が趣味の秋水は、締まった身体が大好き。銭湯で出会った和菓子屋の姉さんの割れた腹筋に、思わず舌なめずり。

▲食いしん坊の秋水（右）は、料理を分けてくれる集にすっかり懐き、彼への警戒感が一気に低下。下着姿でも平気でじゃれついてくる。

も～怖い顔しないで——おっぱい揉んどく?

▲◀集に叱られると、自分のおっぱいをアピールしてごまかそうとする。本人にエッチなことをしている自覚がないのが逆にエッチ!?

女神のエロス3つ星ガイド

第一、二話と連続で全裸シーンがあった秋水は、第十一話の銭湯でも大暴れ！ グラビアアイドル顔負けのナイスバディーを披露してくれた。また、秋水はおっぱいの形がわかるタイトかつ伸縮性のある服をよく着ており、少し動くだけでおっぱいがプルンプルンと躍動!! ラッキースケベ的にも大変ありがたい存在だ。

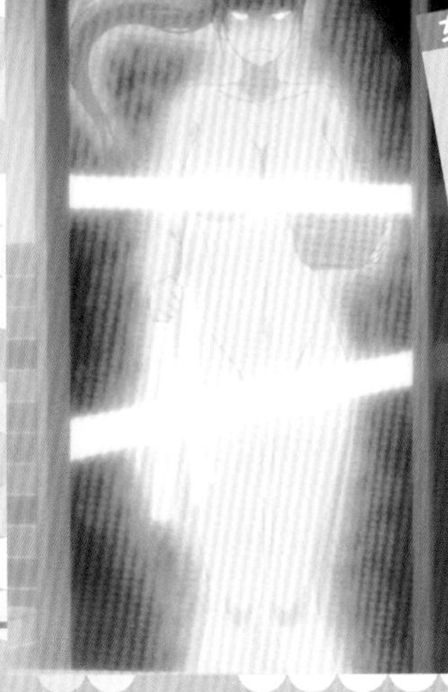

◀集と出会ったばかりのころは、彼に裸を見られて恥ずかしがったり怒ったりと、女子高生として普通の反応を見せていたが……。

第5章

スタッフインタビュー

STAFF INTERVIEW ❶ 原作者

瀬尾公治

Kouji Seo

マンガ家。広島県出身。1996年、『HALF & HALF』でデビュー。『涼風』、『君のいる町』、『Princess Lucia』、『風夏』、『ヒットマン』など人気作を多数執筆。『女神のカフェテラス』は自身4作目のTVアニメ化となった。

『女神のカフェテラス』は"100％読者のため"の作品です

過去作とは異なり結末を決めずに始めた

――『女神のカフェテラス』が生まれた経緯をお聞かせください。

瀬尾　『ヒットマン』が終了する際、編集部から「次はラブコメでヒットさせましょう!」とリクエストがあったのがキッカケです（笑）。あと過去作は展開を予想する読者の声に対し、「世の中そんなに都合よくいかないぞ」という天邪鬼な心が芽生え、捻った展開にしがちでした。長年そういうスタンスで三角関係のストーリーを描き続け、僕自身がマンネリ感を覚えていたこともあり、この要望は渡りに船。「ならばヒットする要素を思いっきりつめこんでみよう」と構想を練りました。また、過去作は「最初に出会ったヒロインと結ばれる」など結末を決めてから物語を描き始めましたが、本作は逆に結末を決めず「ヒロインを同列に扱う」ため第1話から5人のヒロインを一気に登場させました。連載を続けていくなかで一番大事にしているのは、「読者を嫌な気分にさせない」こと。本作は100％読者のためであり、エッチなシーンが多いのも、僕の得意な武器を生かして読者サービスしようという気持ちの現れです。

――主要キャラクターはどのような経緯で生まれましたか?

瀬尾　当初は「ちょっと頼りない主人公の下にヒロインたちが集う」という作品をイメージしたのですが、担当から「絶対にオレ様キャラですよ。ナヨナヨした主人公はこれまでに描いているので、過去作にない主人公にしてください」と即ダメ出し（笑）。その結果、強気な隼が誕生しました。また、メインヒロインはあまり捻らず、世間的に人気があるキャラクター像からズレないようにというのが大前提でした。そのうえで白菊と流星の大学生コンビは、『涼風』に登場した清純だけど酒癖が悪い松本恵美、ギャルの早乙女優花という仲よし女子大生の設定をベースにアレンジした感じです。秋水は、本作を重い作風にしたくなかったので、笑いを任せられるキャラクターとして作りました。深刻な雰囲気になりそうでも場をなごませてくれる、保険みたいな存在として非常に頼りにしています。紅葉は、そっけなくてとっつきづらい娘がひとりいてもいいかなと登場させたものの、すぐ隼に恋してしまい、当初の予定とはだいぶ違ってしまいましたね（笑）。また、紅葉が隼に好意を伝えてから彼女の人気が高まったのも想定外でした。僕としては、定番のツンデレキャラである桜花の人気が一番出ると思ったのですが、ちょっと「ツン」が強すぎて暴力ヒロインみたいに捉えられてしまったのか、人気投票ではいつも1位を取れずじまいです。

――紅葉や流星が早くから隼に好意を伝え、隼もそれを理解しているところが、最近のラブコメでは珍しいですよね。

瀬尾　「恋愛に鈍感」という主人公像はよくありますが、普通、自分への好意は空気で察するんじゃないでしょうか。また、好意にあえて気づかない態度を装うのも不誠実。そこで隼は、自分に向けられる好意をしっかり受け止めるキャラクターにしたいと考えました。でも、好意に応えると物語が終わってしまうので（笑）、好意に嬉しさを覚えつつ、「大事な店を軌道に乗せるまでは色恋はご法度」と彼自身に言い訳を用意し、今は喫茶店経営に集中しています。過去作の主人公は「同じ年代の自分ならばどうするか……」と想像しながら描きました。ただ物語を進めるうえで、不自然だったり僕の意に反する言動を取らざるをえなかったりするときもありました。それに対して、隼は今の自分そのもの。素直な気持ちを彼に投影できるので、描くのにストレスがないんですよ。そうした主人公の描き方をはじめ、本作は今までで一番自由に取り組めています。僕としては「可愛い女の子のエッチなシーンがあるドタバタホームコメディ」という希望どおりの作品を描けて、それが読者の方々に喜んでもらえている。この「やりたいこと」と「求められること」が幸運にも一致した現在の状況は、とても恵まれていると感じます。

細部まで描写されたヒロインの下着に感激

――アニメ化のお話はいつから?

瀬尾　「アニメ化するかも」といった話は、原作の#8か#9を描いている時点でありましたが、連載開始直後ということで「へぇそうなんだ」くらいの感想でした。実際にプロジェクトが動き始めてからも、僕からはとくに要望などはありませんでした。逆に、連載開始が2021年2月で、デザインをそこに合わせると少し古くなってしまうと思い、

隼がどのヒロインと結ばれるかについて
現時点でもまったく頭の中にありません

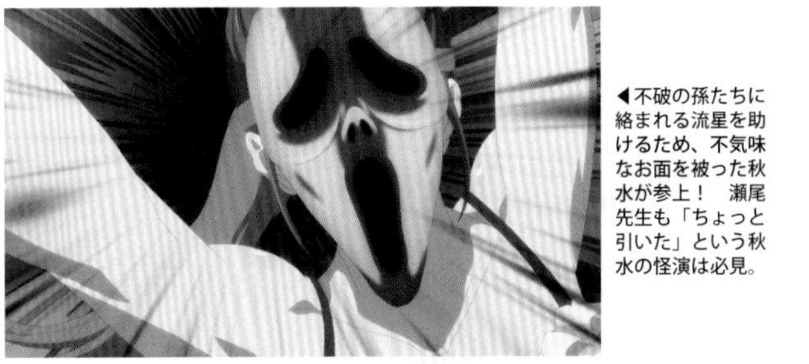

◀不破の孫たちに絡まれる流星を助けるため、不気味なお面を被った秋水が参上！　瀬尾先生も「ちょっと引いた」という秋水の怪演は必見。

「マンガの絵は無視して構いません」とお伝えしました。僕としては、今風にがらりとアレンジしてもらってOKだったのですが、最終的にマンガのイメージを大切にしてくださり恐縮です。あとは脚本をちょっと確認させていただいたくらいですかね？　メインキャストの人選は「本作が飛躍の踏み台になってくれたら嬉しい」という思いから、「すでに確固たる地位を確立させている方よりも、これからさらに伸びそうな方を配役してほしい」とはお願いしました。とはいえ、アフレコにお邪魔できていないので、演技を聞くのは公式で発表されたキャラクターPVが初でした。アニメ本編も、放映とほぼ同じタイミングで、いち視聴者みたいな感覚で毎週楽しんでいました。

――アニメをご覧になっての感想は？

瀬尾　キャラクターがみんな生き生きしていて「スタッフ&キャストのみなさん、ありがとうございます！」のひと言に尽きます。ヒロインのおっぱいがみんな大きめで、下着の描き込みもすばらしいですよね。僕自身、ヒロインの下着は注力しているポイントなので、アニメでも細部まで描写されていて嬉しかったです。声や動きがついたことで、ツンデレ桜花のデレ仕草、酔っぱらった白菊のエロティシズム、秋水のおふざけのインパクトなど……可愛らしさやおバカさといった特徴も際立っています。秋水が怪しいマスクを被って悪質な客を追いかけるシーンはギャグとして描きましたが、アニメはあまりの迫力に「こいつ怖い！」と、ちょっと引くくらいでした（笑）。第五話で描かれた、紅葉のライブシーンもかっこよかったです。彼女が歌った曲は、僕が簡単なイメージを伝えただけなのに、ステキな歌に仕上げてくださいました。

また放送開始後、流星の人気が一気に上がったと聞きましたが、劇中の彼女を見ると納得です。第九話の後半で、流星が「じゃあどこにも行かないでよ～～!!」と泣き出すシーン。マンガではギャグとシリアス、どっちにも解釈できるような描写でしたが、アニメでは感動寄りの演出となっていて、流星のいい娘感がいっそう引き立っていました。流星は僕が最初キャラクターをつかみきれずに描いていた部分があり、小悪魔的要素は序盤で消え、アニメ化された原作約40話分のなかでも印象がガラリと変わります。それだけに山根（綺）さんもキャラ作りが大変だったと思いますが、話数が進む中で自然に変化をつけて演じてくださり、さすがだなと。秋水がマンガ内で繰り出していた『ストリートファイター』シリーズの技もアニメで描かれていて、使用許可をくださったカプコンさん、確認を取る手間をかけてくださったスタッフの方にも感謝です。

ファンの意見や反響が花嫁レースに影響大!?

――先生も楽しまれたアニメですが、早くも第2期制作が決定しました！

瀬尾　第2期制作は、応援してくださるファンのみなさんのおかげです。最終話以降の物語ではヒロインがさらに増え、それに伴ってドタバタ感、そしてエッチなネタもパワーアップしますのでご期待ください。個人的には単行本第7巻の「温泉旅行編」で、浴衣からはみ出た隼の息子を前にヒロインたちがワタワタする、〝あの〟問題のシーンがアニメで描かれるのかがすごく気になります。もし映像化された場合、キャストのみなさんにはご苦労をかけることになってしまいますが……ごめんなさい（笑）。

――原作マンガは第11巻が発売されましたが、作品の今後の展開についてお教えください。

瀬尾　アニメ第1期は「ラブコメ」の「ラブ」要素もいっぱいですが、最近の原作は「コメ（コメディ）」部分を描くのが楽しくて、そちらの比重が大きくなっています。僕、そもそもふざけたい人なんですよ。だから、ギャグが入れやすいポップな作風の本作は「遊びの延長」みたいな感覚で楽しくて仕方ないんです。アニメ化済みのシーンだと、桜花がオナラをしたように見せる秋水のイタズラとか大好きで。一方、ラブストーリーにちょっと照れが出てきて、「ラブ」描写を自然と避けている節もありました。流星が隼に好意を伝えるアニメ第十一話の告白シーンとか、改めて観ると赤面してしまいます。でも、今後は隼とヒロインたちの恋についても向き合わないといけませんね。アニメで興味を持ってマンガに入ってきてくださる方も多いと思います。そんな新規読者を失望させないように、気合を入れ直しているところです。とはいえ、隼が誰と結ばれるかについて、現時点でもまったく頭の中にありません。一応、花嫁候補は最初に登場した5人ですが、もしかすると追加ヒロインが一気にまくってくるなんてこともあるかもしれません。本作は１００%読者のためにありますので、みなさんの意見やアニメの反響が花嫁レースに反映される可能性が高いです。あとは、ヒロインのルーツを辿ると「Familia」の前身「喫茶ファミリア」と結びつくという設定は連載開始当初から決まっていたので、その物語も深堀りしたいと思っています。アニメ第2期に負けないように、マンガもどんどん盛り上げていきたいと思いますのでよろしくお願いします。

Special Column

付き合うと雰囲気が変わるヒロインは？

「全員隼の恋人になってもそのままな感じはしますが、一番尽くしそうなのは紅葉ですかね。名家の令嬢として『女は一歩引いて男を立てる』みたいな、古風な教育を受けていて、その考えが骨身に染みていそうな感じがします」

▲幼少期、母から厳しい茶道の稽古を受けていた紅葉。いかにも厳格な家庭環境がうかがえるシーンだけに、「妻は夫より三歩下がって歩く」といった言葉も日常的に聞いていたのかも。

STAFF INTERVIEW ❷ 監督

桑原 智

Satoshi Kuwabara

アニメーション監督。デジタルハリウッド大学客員教授。近年は『アンダーニンジャ』監督、『まめきちまめこニートの日常』、『魔法使い黎明期』ともに監督・シリーズ構成、『カノジョも彼女』監督、などに参加。

大切な人を失った悲しみに直面し 自分自身を乗り越えてゆく物語

人物の内面を描きつつ 暗い作品にはしない

――本作の監督に決まったときの気持ちをお教えください。

桑原　瀬尾公治先生の作品は、知人から勧められて『風夏』を読んだのが初体験。その衝撃的な展開が印象的で、すぐにファンになりました。その瀬尾先生の最新作をアニメ化するにあたり、監督のオファーをいただいてとても嬉しかったです。同時に、とても多くのファンがいる作品ということでプレッシャーも大きかったです。もちろん、原作はすごく面白い！　5人のヒロインが個性的で可愛く、さらに展開がスピーディー。あっという間に読み終えてしまいました。ヒロインと隼の過去と現在とが絡み合い、それが登場キャラクターの内面に大きく影響して物語を引っ張る基軸となっているから、世界観が深いんですよね。感情移入しやすく、群像劇として非常にまとまった作品だと思いました。

――アニメ化に際し、大切にされたことを教えてください。

桑原　こだわったのは、各キャラクターの内面を表現すること。一方で、決して暗い作品にしないよう心がけました。キャラクターたちには深刻な事象でも、視聴者側が最後は明るい印象で終われるようにしたかったんです。そして、「キャラクターの気持ちの幅を作品内で可能な限り表現したい」とスタッフに伝えました。ひとつの方向からキャラクターを描くのではなく、いくつもの視点で人物像を捉え、新しい側面を視聴者の方々に見せかったのです。1クールでどこまで描くかは、シリーズ構成の大知慶一郎さん、瀬尾先生、『週刊少年マガジン』編集部やプロデューサーの方々にアドバイスをもらって構想を練りました。結果、第1期は幸子さんの話でもあるので、隼を含めた6人が幸子さんとの思い出をこれからの未来に繋ぐ一歩まで描こうと決定。大切な人を失った悲しみや不安に直面し、それぞれが衝突や和解を繰り返して、ひとりひとりが自分を乗り越えてゆく物語として、非常にまとまったシリーズ構成になったと思います。また、各話がボリューミーな展開なので、テンポよく物語が進んで視聴者を飽きさせない作品になったなと。瀬尾先生、編集部の方々には、キャラクターや美術の設定、物語やセリフの意味などなど、細部まで丁寧に説明をしていただき、構成を練る上でも非常に助かりました。マンガで描かれている何気ないセリフでも、じつは深い意味があるなど新発見がいっぱい。瀬尾先生たちと一緒に制作をした感じがあります。

エッチなシーンも 内面描写に必要不可欠

――第一話からヒロイン全員が登場するだけに、それぞれの描写が大変だったのでは？

桑原　どのヒロインも描くのが楽しかったし、難しくもありました。本作の最大の魅力である5人の個性的なヒロイン。例えば、隼の話を聞いている5人というだけでも、それぞれの表情がなくてはいけないんですよね。紅葉の座り方、桜花の食べ方、白菊の笑い方、流星の恥ずかしがり方に、秋水の怒り方……そういった小さい部分を積み重ねてキャラクターの内面を表現できると思うので、ささいなシーンでも気を抜けませんでした。「普段クールなキャラが笑うから、その笑顔が何倍にも威力を増す」というように、内面の幅も重要。その幅を見せるためにあれこれ考える作業は、とくに楽しかったです。基本的に5人のヒロインを平等に扱うように気をつけていましたが、話数によっては描き方に偏りが出てしまいます。でも、できるだけ主題のヒロイン以外も登場シーンを差し込み、群像劇に仕上がるように制作しました。また、ヒロインはひとりでも個性的ですが、5人一緒だと画面に物凄いパワーがプラスされます。その5人でワチャワチャしている雰囲気を画面に出したいとも考えました。テンポよく進む構成にしたのは、そうした理由のひとつです。エッチなシーンも単なるサービスではなく、彼女たちの内面を描くために必要な要素。原作の雰囲気を大切に、下品にならないよう注意しました。ただ、下着描写に必要以上に力が入っているのは、監督の趣味だからだと思います（笑）。すべて監督が悪いです。

――色彩や背景なども、とても綺麗でした。

桑原　美術やキャラの色彩設計にも注力し、内面描写に合う色をシーンによって

下着に力が入っているのは監督の趣味だからです（笑）

◀桑原監督が「第1期の裏主人公」と称する隼の祖母・幸子。生前、ヒロインたちを励まし、心の支えになっていた姿がたびたび描かれた。

変えてもらいました。また、音楽も隼や彼女たちの生活、そして未来が輝かしく光るような明るくテンポの良い感じを大切にしていただきました。カフェのメニューや食卓に並ぶ料理、食器や下着に至るまで、キャラクターの内面描写に絶対的に必要なものですし、間接的にキャラの内面を描くことのできるアイテムなので、ひとつひとつ考えてじっくり作成しましたね。ヒロインの衣装についても、1話分の中で物語が2日、3日と過ぎているのに、ずっと同じ服を着ているわけにはいきませんよね。そこで、誰がどの服をいつ着るかという表を作成して色や形がかぶらないように計画を立てました。当然ながら私服設定が膨大になり、キャラクターデザイン、色彩設計、作画といった方々に大変労力をかけてしまいました。背景美術についても劇中のロケ地でもある美しい自然を感じてもらえればと、ロケハンに何度も行って、美術スタッフと試行錯誤しながら色合いなどを調整しました。隼たちが訪れそうな場所をいくつも巡ったことで世界観が広がりましたし、写真と実際に見るとでは同じ風景でも感じられるものが違うのでロケハンに行って本当によかった。そうした細かい部分も観ていただけるとスタッフも喜ぶと思います。

――桑原監督は、各話の絵コンテもほぼすべて担当されていますね。

桑原　どの回もシナリオが非常によくできており、それに負けぬように絵コンテを仕上げなければという意気込みで、プレッシャーと闘いながら描いていました。また、キャラの魅力を最大限引き出すにはどうすればいいものかと、常に頭を悩ませていました。

――ＥＤ曲が本編に被って流れる、いわゆる「特殊ＥＤ」回もたびたびありましたね。

桑原　ＥＤ曲を聴かせていただき、彼女たちの内面をよく描いているステキな歌だなと感じたのです。だから、話数によってはその歌を本編に組み込むことでキャラクター描写に効果的だと考えました。おかげで、どの特殊ＥＤ回も最高のシーンになったと思います。

各キャストは選考側の意見が割れずに決定！

――個人的に好きなヒロインは？

桑原　5人全員、分け隔てなく好きですよ（笑）。長所はもちろん、短所も含めチャームポイントになっていますね。白菊は一番大人しい大和撫子タイプなのに、アルコールが入ると一気に豹変するという変化の大きさが面白い。流星は当初、隼によい印象を持っていないところから、彼の内面を知って好意を抱き、どんどん可愛くなっていきます。その変化がとてもいい！　あと、普段は気が強い流星ですが、内面は脆く弱いというギャップも魅力ですね。秋水は、裏表がなく天然でおバカをやってくれる可愛い娘。私たちの予想を遥かに超える秋水のおバカな行動は制作していて楽しかったです。紅葉は「表情があまり豊かではないキャラが、恋に落ちるとこんなにも美しく見えるのか……」という印象ですね。ライブではあんなにかっこいいのに、隼とのちょっとした会話で赤面するところも可愛い。桜花は隼と一番仲が悪かったのですが、第十話の隼のセリフであるように、愛情深く他者を思いやる気持ちは5人中一番です。人のことを温かく、優しく、思いやる気持ちが強いところがよいですよね。各キャストは、そうした「原作の雰囲気を持って演じられる」という条件で選びました。不思議と選考側の意見が割れることはありませんでしたね。第一話からみなさん、キャラクターの内面を考えて演じてくださり、大きな混乱は一度もなかったです。収録話数が進むにつれてキャラが育っていく感もあり、現場はとてもアットホームで笑顔が絶えませんでした。とくにヒロイン5人でアドリブでの収録をお願いした際は、演出の想定よりも数十倍よいシーンとなり、驚きと歓喜でした。流星と紅葉が隼に告白するシーンも、普段とは異なる特別な彼女たちを演じてほしいとお願いして、見事に演じてもらえたなと。そして、第1期の裏主人公ともいえる幸子さん！　私が大好きなキャラなのですが、担当声優である伊倉一恵さんが、優しく、時には厳しく、チャーミングなところも表現してくださり大変助かりました。

――第2期を期待するファンの方々へメッセージをお願いします。

桑原　第1期を観ていただき、本当にありがとうございます。第2期はさらにパワーアップして、ライバルキャラ的な新ヒロインもたくさん登場し、より賑やかに全話数絶対に面白い作品になります！　また、隼との恋愛話も進展。さらに、あるキャラクターがなんと……。詳しく言いたいけど、言えないんですよね（笑）。私は、作品は視聴者の方々に育ててもらうものだと考えています。みなさんが作品を愛してくだされば、今よりもっと作品は輝き続けるでしょう。もちろんスタッフも、愛していただける作品作りに邁進しますので、これからも『女神のカフェテラス』の応援をよろしくお願いいたします!!

Special Column

大好きな5人とこんなデートをしたい！

「秋水とは動物園でいろんな動物を見て笑って過ごし、流星とはプールで一日中泳ぎ倒して、桜花とはゆったり映画鑑賞。料理が得意な白菊とはフレンチレストランでディナーを楽しみたいですね。そして、紅葉はやはり、小さめのライブ会場でロックを聴きたいかな」

▲隼の心を動かすほどの歌唱力を誇る紅葉だが、人前で喋ることは苦手。より人気を獲得するためにも、いろいろなバンドを鑑賞して MC 技術も向上させたいところ。

STAFF INTERVIEW ❸ シリーズ構成・脚本

大知慶一郎

Keiichiro Oochi

脚本家。近年は『アンダーニンジャ』、『五等分の花嫁』シリーズ、『お隣の天使様にいつの間にか駄目人間にされていた件』、『カノジョも彼女』シリーズ、『もののがたり』にシリーズ構成・脚本として参加。

冒頭から全裸の女の子が登場「これが瀬尾先生かー!」

——オファーを受けたときの気持ちはどんなものでしたか?

大知　マンガは未読でしたが、瀬尾先生のことはTVアニメ化された『涼風』や『君のいる街』、『風夏』などで存じ上げており、そんな数々の傑作を生み出した先生の作品に携わることができて光栄だと思いました。瀬尾先生の作品といえば、可愛い女の子と少しエッチなサービスシーンで有名ですよね。本作も#1の冒頭から下着や全裸の女の子が次々出てきて「これが瀬尾先生かー!」と圧倒されました。

——原作のどんな部分に惹かれましたか?

大知　魅力はたくさんありますが、「隼がモテることに説得力がある」という点が作品の肝になっているのではないかと思います。説得力があるからこそ、恋するヒロインたちの可愛さを違和感なく堪能することができますよね。あと欠かせないのは、ド直球の下ネタです(笑)。

——また桑原監督とは、数多くのラブコメ作品でタッグを組んでいますね。

大知　桑原監督は原作の理解度が非常に高く、原作の魅力を引き出すことに関しては毎回感服させられてばかり。また、「単なる次回予告ではない、面白予告を作ってほしい」というオーダーを毎回いただくのですが、そこからも「作品の頭から尻尾まで、視聴者を楽しませたい」という並々ならぬ熱意が感じられ、サービス精神にあふれた方だなと。そんな桑原監督と再びご一緒できて嬉しかったです。監督には、構成や脚本に関して信頼してお任せいただけているので、今回のオーダーは「原作の面白さをしっかり出す」ということだけでした。瀬尾先生と担当編集の方からも、原作の世界観を壊さない限りは自由にやらせていただいたので、とてもやりやすかったです。とはいえ、原作の完成度が高いので、シリーズ構成としてはなるべくお話をいじることなく、エピソードの順番の入れ替えと、尺的にカットする部分の選定をメインにやらせていただいた感じです。あとは、単行本に掲載されている巻末オマケマンガ「女神の休息」が面白かったので、これを使わない手はないと、できる限りアニメにも入れていこうと提案しました。

面白いオマケマンガもできる限りアニメ化を

連載最新話を読んで物語の締めを大幅変更

——シリーズ構成・脚本制作での思い出を教えてください。

大知　第1期のラストをどう締めるかで相当悩みました。当初は原作通りの流れで構成して、未来の隼と娘のエピソードである原作#27「未来と、過去と」でシリーズを締める予定だったんですよ。でも、脚本の最終話に取りかかろうとしたころ、当時の原作最新話で紅葉と流星の恋の鞘当てや、隼と白菊の過去の関わりを描いたエピソードが掲載されたんです。それを読んで「このエピソードを入れないと、シリーズとしてスッキリしないよね!」という結論になり、アニメ第十一話、第十二話の構成を急遽大幅に変更。原作#43「ピクニック!」までをストーリーに組み込み、「未来と、過去と」を原作#42と#43の間に移動しました。結果として、1クールを通して観たとき、満足できる終わり方になったと思います。アニメの第三話や第九話などで脚本を担当していただいた森田眞由美さんにも感謝しています。森田さんはこれまで何度もお仕事をご一緒していますが、いつも丁寧な脚本を書いてくださいます。しかも、エゴを出して作品の世界観を壊すことがなく、原作が持つ魅力をキチンと引き出してくれるところがシリーズ構成としてとてもありがたいです。

——隼やヒロインたちのチャームポイントはどこだと思いますか?

大知　隼は、年の割に成熟している部分と、年相応に未熟な部分を併せ持つところでしょうか。紅葉と流星の恋の鞘当てに巻き込まれて、「……しんどいんだなぁ、モテるって」とか「オ

◀流星と紅葉からの好意が「遊び」だと勘違いした隼は、自分がモテると思っていたことが急に恥ずかしくなって逃げ出す!

脚本作業時に最新話を読みラスト2話を作り直しました

レのことでケンカするのはやめろ!!」とか、自分はモテてると調子に乗ったシーンがイタくていいなと思いました（笑）。白菊は、清楚だけどドスケベというのは男子の憧れではないでしょうか。とくに原作#1早々に隼の寝込みを襲ったシーンは、いろいろな意味で衝撃的でした。流星は、恋に揺れる女の子の可愛さが凝縮した、ヒロインらしいヒロインですね。隼と出会って間もないのに「誰もいないから見ていいよ?」といきなり「女子大生の…パ・ン・チ・ラ」したときはどうなるかと思いましたが……。秋水は、マスクネタなどのおふざけに動きと声が付いたことで、一番アニメ映えするキャラクターになったと思います。また、アニメではまだ隼を恋愛対象として捉えていませんが、こういうおバカな子が、恋愛モードになるとそれまでのギャップで意外なヒロイン力を発揮するのではと予想しています。紅葉は、アニメの中ではまだ辛うじてクールビューティーなキャラを維持してしますが……。そのクールさが剥がれる瞬間が好きなので、これから先の〝あれ〟や〝これ〟が観られるのが楽しみでなりません。桜花は、ツンデレ王道ヒロインにして、作中最大の巻き込まれキャラですね。おふざけした秋水をたしなめるシーンの温度感について、原作サイドから「おかんっぽい感じです」と助言を受けた瞬間、彼女のキャラが掴めた気がしました。

秋水のおふざけ演技が回を追うごとに加速!

――アフレコには立ち会いましたか?

大知　コロナ禍だったため、リモート形式で立ち会いました。キャラクターはみんな個性的&魅力的なので、声優のみなさんは大変だったと思います。しかも、コロナ対策で分割収録が基本スタイル。でも、別録りで演技のキャッチボールが難しいにもかかわらず、僕が画面越しでもわかるくらい「Familia」のワチャワチャした雰囲気がしっかり表現されていて「さすがプロ!」と感服しました。とくに印象に残ったのは、秋水役・鈴代紗弓さんのおふざけシーンの演技です。スタッフから演技についてブレーキがかからないので（笑）、「回を追うごとに枠を外れて面白くなってるな～」と、楽しみながら見させていただきました。

――アニメを視聴された感想を教えてください。

大知　女体や下着の描き込みにただならぬフェティシズムを感じました。なんというか……深夜アニメでイケナイものを見ている背徳的な感覚をひさしぶりに味わいましたね! さらに、第五話の紅葉のライブシーンは圧巻のひと言で、何度も観返したくなります。

――最後に第2期放送に向けて、ファンにメッセージをお願いします。

大知　第2期は、隼への恋愛感情を自覚した流星、白菊、紅葉が行動を起こします。しかも、予想の斜め上を行く方向に!

また、残るヒロインの桜花と秋水のこれまで見られなかった新たな一面にもご注目ください。そして何より、新たなヒロインの登場でますます賑やかな展開になることは必至。隼の気苦労は倍になりますが、観てくださるみなさまには倍以上の楽しみが待っているかと思います。第2期もどうぞご期待ください!

Special Column

大好きな秋水とこんなデートをしたい！

「僕自身、ヒロインくらいの子供がいてもおかしくない年齢になったからか（笑）、秋水のようなおバカで無邪気な子が可愛くて仕方ない。ただ、彼女は恋愛対象ではないので……デートではなく『波動拳』を出す修行を生温かく見守る、とかですかね。あと、和菓子屋のおばちゃんは年齢的にもエロさ的にもかなりストライク！」

▲おバカでドジな秋水は、つい保護欲を刺激される放っておけない存在。秋水のトレーニングにわざわざつきあってあげる桜花も、行動が予測不能な子供から目が離せない親気分？

STAFF INTERVIEW ❹ キャラクターデザイン

野口征恒

Masatsune Noguchi

アニメーター。スタジオ M2 所属。近年は『マイホームヒーロー』キャラクターデザイン、『アキバ冥途戦争』作画監督、『NOMAD メガロボクス 2』作画監督、『カノジョも彼女』OP 原画などに参加。

瀬尾先生が描くキャラクターは頭身バランスが絶妙で可愛い

アニメのデザインは動かしやすく簡素に

──キャラクターデザインを担当することになった経緯をお教えください。

野口　手塚プロダクション作品の『マイホームヒーロー』でキャラクターデザインをお受けした際、「もう1本お願いできますか？」とオファーがありました。じつは「さらにもう1本……」というお話もあったんですよ。

──オファーを受けた際のお気持ちは？

野口　瀬尾先生の作品は、以前『君のいる町』のアニメに知人が参加していたので、拝見していました。また本作も、最初に登場する5人のヒロイン誰もがメイン、しかも各人個性のあるキャラクターばかりで、すぐにその作品世界に魅了されてしまいました。ただ、瀬尾先生が描かれるキャラクターが本当にすばらしいので、「アニメ用に描き起こすのは難しそうだなぁ……」と頭を悩ませました。

──生粋の『あしたのジョー』ファンとしても有名な野口さん。同作アニメの監督や演出を務めた出﨑統さんの薫陶を受けた、桑原監督とのタッグ、しかもキャラクターデザインという大任で、プレッシャーも大きかったのではないでしょうか？

野口　桑原監督作品としては『カノジョも彼女』のOPをお手伝いさせていただきましたが、その際は監督との作打ち（作画打ち合わせ）はありませんでした。だから、ご挨拶するのは今回が初めて！　生前の出﨑監督とガッツリお仕事されている桑原監督とご一緒できるということで、とても嬉しく……そして緊張しました。打ち合わせが終わったあと、個人的に出﨑監督の思い出もたっぷり聞かせていただきました（笑）。

──野口さんはアニメに限らずゲームやCMなど、さまざまな媒体で活躍されています。本作のキャラクターデザインにおいて大切にされたことは？

野口　アニメのキャラクターデザインは、「できるだけ動かしやすく簡素に……」と心がけてデザインを始めるものの、いつも線や影が多くなってしまって……。まだまだ未熟です。しかも、本作は原作の頭身のバランスが絶妙で、しかもヒロインみんながかわいらしい。彼女たちの魅力を損なわないように細心の注意を払ってデザインしました。

デザインが難航するほど原作の完成度を痛感した

──原作サイド、桑原監督などからデザインのオーダーはありましたか？

野口　大きな注文はありませんでした。まずは、私が好きに描いたラフを提示し、そこから頭身バランスや表情などについて指摘を受けながら少しずつ修正を加えていきました。そうした作業を経てラフが固まってからは私にお任せいただいたので、キャラクターデザインはとても進めやすかったです。自分としては当初注意しようと思っていた頭身についても、「あえて原作を意識しなくていい」と言っていただけたので、結果として原作とアニメの頭身バランスは少し異なったものになっています。

　また「多少のアレンジもOK」とのことで、じつはカフェの制服の一部が原作と異なっています。あとは、白菊の私服デザインにある怪獣のモチーフを入れてみたりも……（笑）。原作コミックをお持ちの方は、アニメと比較してみてはいかがでしょうか？　ただ、いろいろと私にお任せいただいただけに責任も重大。頭身のバランスをどれくらい変えるかとか、制服のデザインをどうするかとか、私自身が納得できるまで試行錯誤する部分も多かったですね。

──キャラクターデザインは野口さんのアイデアがたくさん反映されているのですね。隼と5人のヒロインそれぞれのデザインについて、重視したポイントなどをお教えください。

野口　隼については、髪の流れが難しかったです。アニメーターが作画する際、

ほかのヒロインと比べて切れ長
紅葉の目のデザインが難しかった

▶第2話などで白菊が来ていた私服。これは『ウルトラセブン』第39話、第40話に登場したガッツ星人がモチーフになっている。

戸惑わないように注意しましたね。白菊は、私が個人的にボブカットの女性が好みで（笑）、原作を読んですぐファンになりました。だから、私が可愛いと感じた雰囲気を損なわないように、と意識しました。流星はツリ目の印象ですが、その部分を意識しすぎてキツイ雰囲気にならないように、ちゃんと彼女のキュートさが出るようにというのがコンセプト。流星のデザインについては、ツインテールの位置がしっくりこなくて、悩みながら何度か修正したことを覚えています。秋水は背が一番高く、元気な女の子。その明るさがデザインからもわかるように心がけました。長い髪のポニーテールが視聴者の印象に残るように、髪の流れも気を付けました。紅葉は、ほかのヒロインに比べて切れ長な目に悩みました。目が細くなりすぎず、かといって大きくもなりすぎず……。その加減を調整するため繰り返し描き直して現在のデザインになりました。桜花は流星同様、ツリ目系のキャラクター。だから、2人の印象がダブらないようにというのが最大のテーマ。とくに、横で結んでいる髪のバランスが難しかったです。

　この6人のデザインの進行は、白菊がスムーズだったと思います。逆に一番難航したのが紅葉。本当に切れ長の目の大きさの加減が上手くいかず、瀬尾先生のデザインの完成度を改めて思い知らされました。

Special Column

一推しの白菊とこんなデートをしたい！

「5人のヒロインに甲乙つけるのは難しいのですが、あえて選ぶのならば、やっぱり白菊！　ボブカットの魅力にはどうしても抗えません（笑）。白菊と一緒にお酒を飲みながら、楽しい会話に花を咲かせて……といきたいところですが、彼女の酒癖を考えるとやっぱり危険ですね」

▲アルコールが入った白菊は、服を脱ぐのがお決まりのパターン。彼女との誠実なお付き合いを考えるなら、"事故"しか起きないお酒には、極力近寄らせないほうが安全だろう。

スタッフの熱を感じた第五話のライブシーン

——本作はヒロインたちのサービスシーンも印象的です。3サイズ的にスレンダーなヒロインも、肉感的になっていたような気がするのですが……。

野口　僕が携わった設定や版権イラストでは、原作のサイズ設定にできるだけ合わせて描いたつもりなんだけどな〜。版権イラストでは、原作の画がすばらしいので、それに少しでも近づけるように頑張りました！　一方、アニメ本編ではいろいろなアニメーターが作画されますので、個人の趣向が反映されるなど、各人の主観の違いが出てしまったのかもしれません（笑）。描いた本人としてはサイズ通り描いたつもりでも、客観的に見ると大きかった……というケースがなきにしもあらず、ですね。

——視聴者としては、ヒロインのおっぱいが全体的に大きくなっていて嬉しかったです（笑）。ちなみに、服装や下着、凝った小物など、本作は細部のデザインにまでこだわりを感じます。プロップや衣装デザインのスタッフと、意見交換などを行いましたか？

野口　原作はキャラクターはもちろん小物の描写もすばらしいですよね。だから、その魅力を損なわないように、可能な限り原作と近いものにしたいと考えました。ただ、ヒロインが服を着替えることが多く、私服のバリエーションも豊富で、すべてのデザインまで私の手が回りませんでした。そこで、ほかのスタッフにデザインをお手伝いしていただいたばかりか、クリンナップも数点お願いしてしまい、本当に感謝です。

　デザイン中「キャラクターも服装も、とにかく線を多くしすぎてしまい、大変なデザインにしてごめんなさい……」と心苦しかったのですが、完成した映像を見ると、全部そうした難しいデザインのままキャラクターが生き生きと動いていて、ありがたいやら申し訳ないやら。「みんな大変だっただろうなぁ。ご苦労様……」と参加されたスタッフの頑張る姿が真っ先に思い浮かびました。

——そのなかでも、とくにお気に入りのシーンは？

野口　第五話にあった、紅葉が組んでいるガールズバンドのライブシーンですね。ただでさえ演奏シーンは大変なのに、紅葉がステージで熱唱する描写にすっごく力が入っていて、スタッフの労力の賜物で感動しました。本当にご苦労様です！　このとき、紅葉が披露した楽曲「My Standard」を収録したCD（「『女神のカフェテラス』Inserted Song By Akane Hououji」マーベラスより発売中）のアートワーク用に新規カットも描かせていただき、その点でも楽しかったです。

——第1期を見終えたファン、第2期を期待するファンの方々に向けてのメッセージをお願いします。

野口　第1期に引き続き、第2期も一生懸命頑張りますので、『女神のカフェテラス』と隼&ヒロインたちを今後ともよろしくお願いいたします！　私個人として、第2期で登場する新キャラクターでは、「Familia」のライバル店で働くYouTuberの千代田莉々歌が気になっています。流星と同じツインテールですが、莉々歌のほうが髪を結んでいる位置がちょっと高いんですよね。流星のツインテールのバランスで試行錯誤しただけに、莉々歌も同じ悩みに直面しそうですが（笑）、それだけにデザインが楽しみです。

▼紅葉は意匠が少ない私服や下着を好む傾向にあり、第九話で披露したビキニ水着も暗色系でシンプルなデザイン。美しい肌がよく映える！

Akane Hououji Sexy Cut Collection

あー今エッチなこと想像してたぁ？（流星）

▲バンド活動の詳細を内緒にする紅葉に対し、流星は「いかがわしい仕事をしてたりして？」と怪しむ。その言葉に隼は妄想を巡らし……。

女神のエロス3つ星ガイド

紅葉の下着姿は第一、六、九、十一話などで堪能できるが、黒い下着を愛用しているようでセクシー度満点。さらに、紅葉は隼宅で服の隙間からおっぱいの頂きが見えてしまいそうなタンクトップ姿でいることが多く、日常生活でも目のやり場に困る（嬉）。さらに第七話、第十一話には入浴シーンがあるので要チェックだ！

あたしは好きだよ……隼のこともちろん男としてね

▼紅葉はパンツが見えるパジャマ姿で隼の部屋を訪れ、自ら胸チラ。この状況でも理性を保てる隼は、鋼の意思の持ち主といえる。

▶銭湯で隼への好意を流星に伝える紅葉。恋の鞘当ての行方は気になるが、ナゾの光の端からチラッと見えるお尻にどうしても視線が！

第6章

小物・美術・原画紹介

小物

カップ

居間で食事をしたり寛いだりしているときに見かけるカップ。隼だけ湯呑みなのは、祖母と同居していたころから使っていたものなのかな？

茶碗

お茶碗ひとつでも各キャラクターの個性が感じられる。隼だけひと回り大きいのは、男の子（労働力）としての期待の表れだろうか？

スマホ

紅葉はスマホに限らずシンプルなデザイン。白菊はスマホカバーのデザインが秋水のと似ているけど、一緒に購入した？

布団セット

流星は枕も掛け布団もフリル付き。寝具は意外と乙女趣味なようだ。秋水だけ布団なのは、トレーニングスペースを確保したいから？

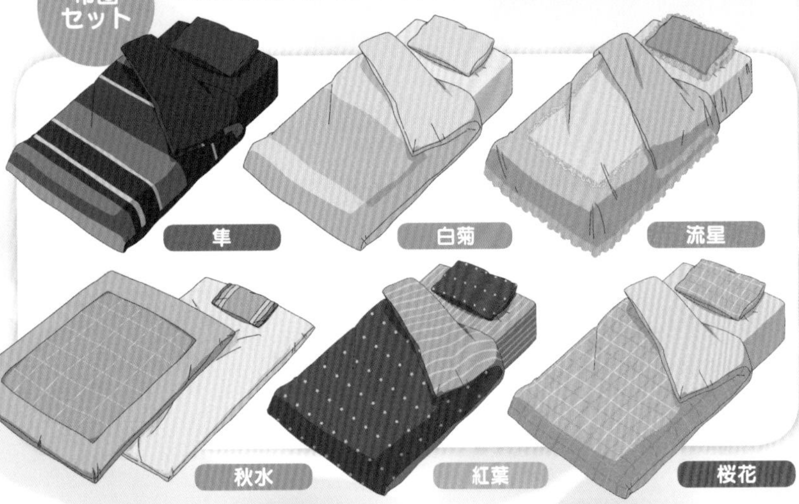

アヒル（バストイ）

秋水が入浴時に必ず持参するバストイ。第十一話で銭湯を出向いた際も持っていった。頭部にはしっかり名前が書かれている。

紅葉のギター

OPやED、第五話のライブシーンなどで紅葉が持っていたギター。その形状から、アメリカの楽器メーカー「GRETSCH」のもののようだ。

流星のボディスポンジ

流星が銭湯で体を洗う際に使っていた。

隼のパソコン

秋水のダンベルの標的にされる哀れなノートパソコン。同居して数か月で２台以上買い替えられている。

秋水のダンベル

家中あちこちで振り回している。2kgと軽めではあるがすっぽ抜けやすく、隼のパソコンを破壊している。

秋水の面白フェイスグッズ

第三話から登場したフェイスグッズの数々。思わずクスっとできるものから、ホラー作品顔負けの迫力あるものまでバリエーション豊か。グッズの多くは大手ディスカウントストアなどで購入可能のようだ。

「Familia」のオススメ料理

「Familia」の人気メニューたち。トーストサンドとチーズケーキは幸子作。そのほかは、白菊が手掛けた新メニューだ。

「Familia」の備品

祖母の幸子が大切に使っていたコーヒー器具の数々。隼たちも手入れを欠かさないようで、年代物だが状態はよい。「Familia 零式」のデザインは、制服と同じく桜花が担当した。

粕壁家＆喫茶店「Familia」

「Familia」は席数30席ほどのアットホームなカフェ。木材ベースの内装は居心地よい雰囲気を演出している。入り口付近はほぼ全面ガラス窓で、目の前の海を眺めながら優雅にコーヒーを楽しめる。

店内

店内
（切り返し）

カウンター内

シーサイドカフェ「Familia」

再オープン後の売上げを投入して建てられた「Familia」海の家支店。席数はテラス席やカウンター席を含め80席ほど。テレビ番組の取材が訪れるなど人気店だった。

店内全景

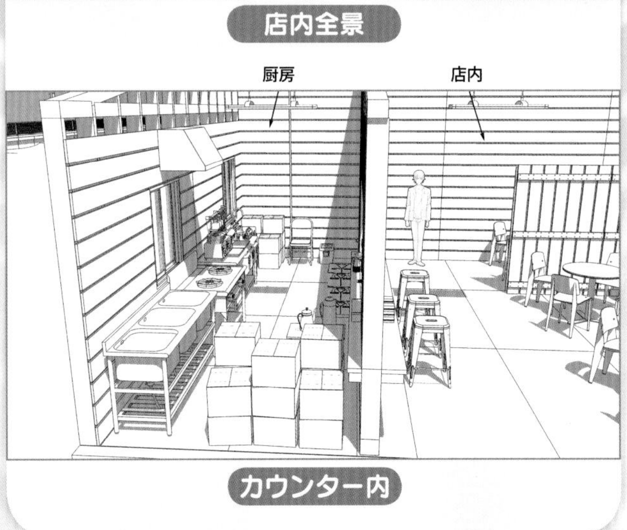

カウンター内

母屋

1階は水回りと共有スペース、祖母の幸子の自室など。2階は6人の自室となっている。建物や設備は古いものの、太い梁や縁側などが非常に趣深い。「Familia」とは1階玄関前の廊下奥で繋がっている。

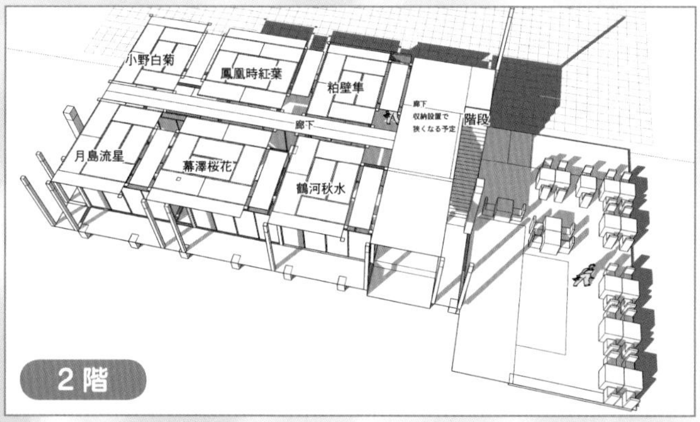

2階

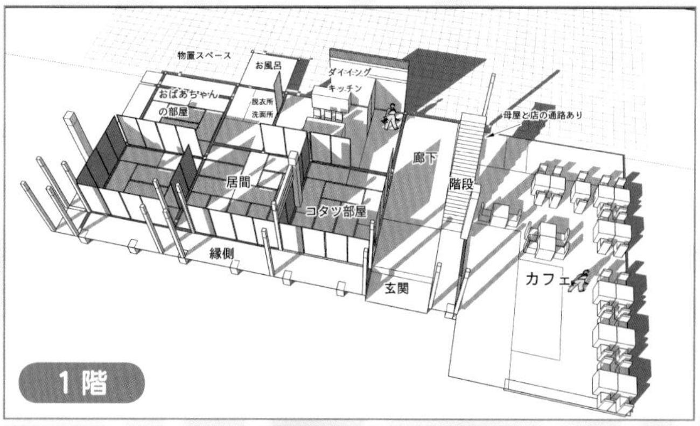

1階

コタツ部屋

外観（玄関および中庭）

居間

縁側

キッチン

浴室

洗面所

幸子の自室

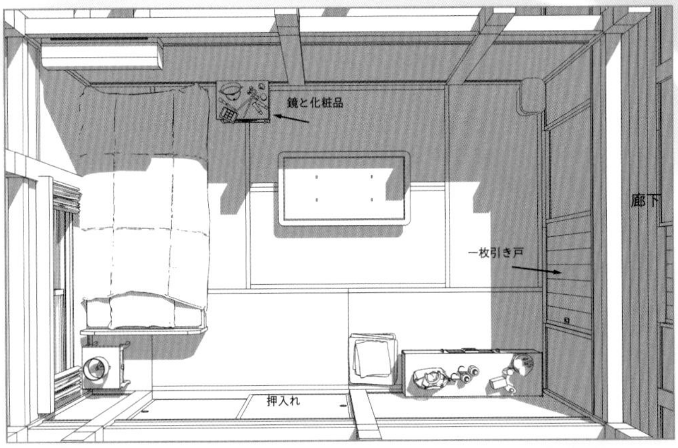

白菊の自室（俯瞰） 私物は少ない様子。ナイトライトがあることから、ベッドの上で過ごす時間が多いのかも。

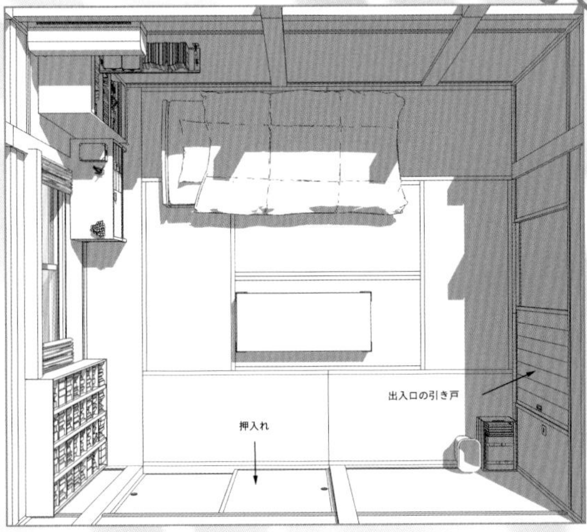

隼の自室（俯瞰） 部屋奥の本棚には多種多様な書籍が並んでおり、隼は本の内容をほぼすべて記憶している。

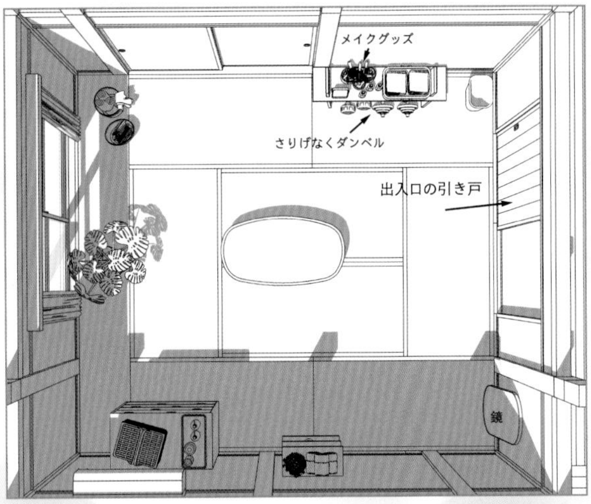

秋水の自室（俯瞰） 入り口側に複数のダンベルが置かれている。部屋の奥では観葉植物を育てているようだ。

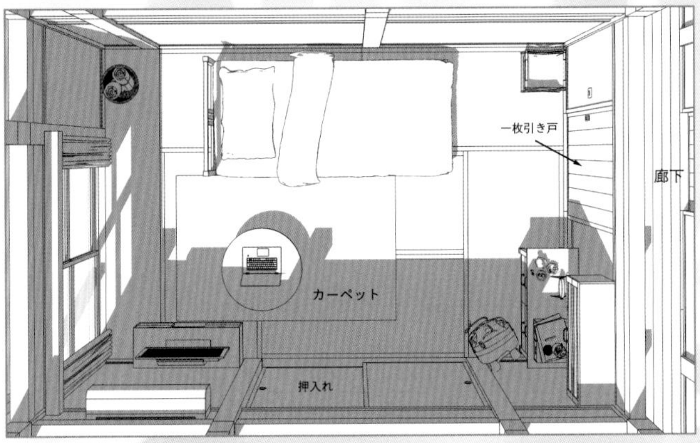

流星の自室（俯瞰） 普段から情報収集を心がけている流星は、パソコンやテレビを所有している。

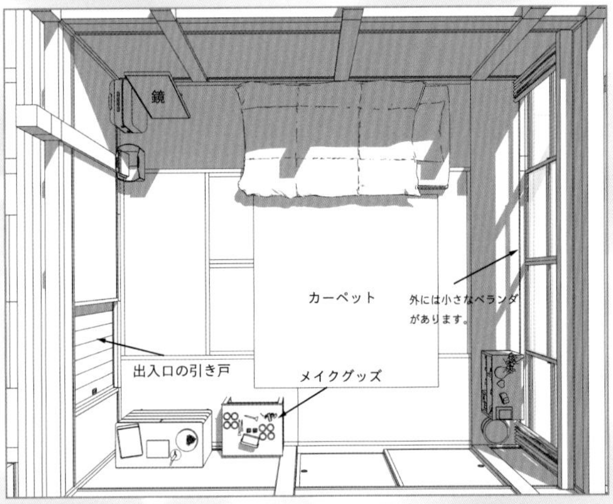

桜花の自室（俯瞰） 入り口左（上）の大きな姿見が目を引く。メイクスペースも広く、オシャレな桜花らしい。

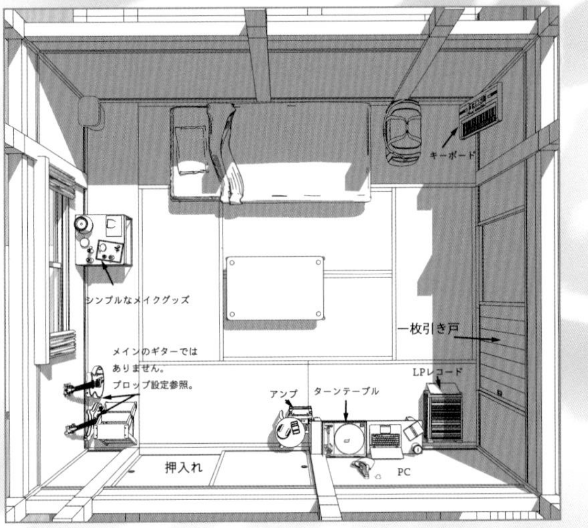

紅葉の自室（俯瞰） ギターにアンプ、ターンテーブルにキーボードなど。バンド活動への本気度がうかがえる。

銭湯 女湯・脱衣所

「桜まつり」全景

粕壁家前の海岸

銭湯 女湯・洗い場

「桜まつり」出店スペース

海岸に降りる階段

第一話

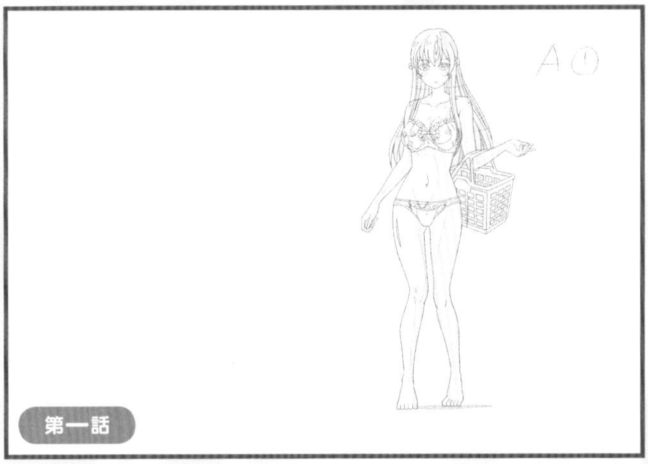

第一話

第一話

原画

第三話

第二話

第三話

第四話

第五話

第六話

第四話

第四話

第七話

第七話

第六話

第六話

第八話

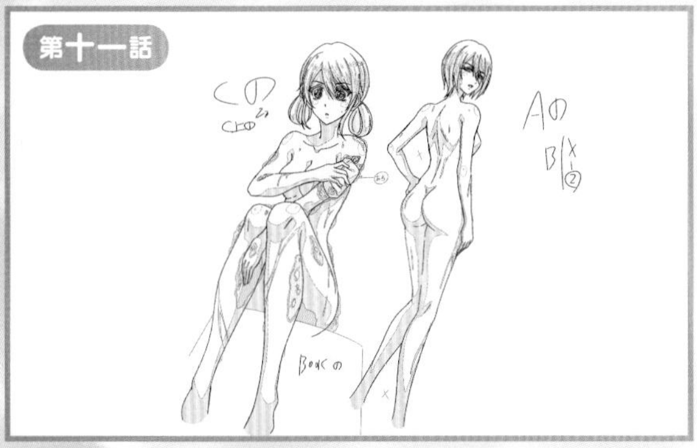

第十一話

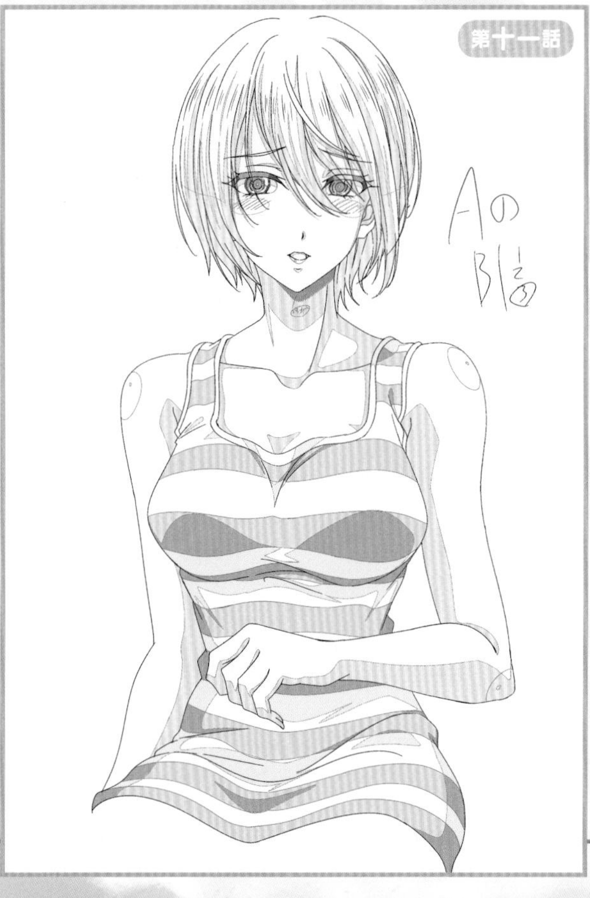

第十一話

第十一話

Ouka Makuzawa Sexy Cut Collection

▶第一話冒頭の衝撃シーン。このあと桜花に続いて裸や下着姿のヒロインが次々登場。大きな話題を呼び、本作の人気を決定づけた。

▶桜花は、パジャマ姿の際はもちろん下もしっかり履いているが、第十話ではパンツ丸出しのレアな姿が見ることができる！

◀妹とケンカ中の桜花は何も手につかず、入浴中も悩みっぱなし。流星が様子を見に来なければ、溺れそうになるところだった。

女神のエロス3つ星ガイド

第一話、ヒロインで最初に下着だけというあられもない姿を晒し、視聴者のハートをガッチリキャッチした桜花。第二、六、十、十一話などでも、桜花という名前にピッタリの桃色下着を披露してくれた。さらに、第二、十、十一話に入浴シーンが用意されており、じつはサービスシーンがかなり多いヒロインだった。

◀銭湯ではしゃぐ秋水のスライディング攻撃を受け、ふっとぶ桜花のお尻がチラリ。危険なのでよい子は真似をしないように！

第7章

アートコレクション②

雑誌用描き下ろしイラストをご堪能あれ！

初出／メガミマガジン 2023 年 4 月号
原画／岩崎令奈　指定・検査／油谷ゆみ
ペイント／古賀真利江　特効／川西美保

初出／メガミマガジン 2023 年 5 月号
原画／杉村友和　作監／岩崎令奈
指定・検査／油谷ゆみ
ペイント／古賀寿子　特効／川西美保

初出／メガミマガジン 2023 年 6 月号
原画／杉村友和　作監／岩崎令奈
指定・検査／油谷ゆみ
ペイント／岡宮志帆　特効／川西美保

初出／メガミマガジン 2023 年 7 月号
原画／杉村友和　作監／奥嶋大介
指定・検査／油谷ゆみ
ペイント／前田千妙　特効／川西美保

初出／メガミマガジン 2023 年 8 月号
原画／杉村友和　作監／奥嶋大介
指定・検査／油谷ゆみ
ペイント／古賀寿子　特効／川西美保

TVアニメ

女神のカフェテラス

Goddess cafe terrace

メインスタッフ

原作／瀬尾公治 (講談社「週刊少年マガジン」連載)

監督／桑原 智　シリーズ構成／大知慶一郎　脚本／大知慶一郎 、森田眞由美

キャラクターデザイン／野口征恒　美術監督／斉藤雅己　色彩設計／油谷ゆみ

撮影監督／設楽 希（T2 スタジオ）　編集／内田 涉（コンクエスト）

音楽／兼松 衆、櫻井美希　音響監督／本山 哲　音響制作／ HALF H・P STUDIO

アニメーション制作／手塚プロダクション

メインキャスト

粕壁 隼／水中雅章　小野白菊／和氣あず未　月島流星／山根 綺

鶴河秋水／鈴代紗弓　鳳凰寺紅葉／瀬戸麻沙美　幕澤桜花／青木瑠璃子

粕壁幸子／伊倉一恵

物語は、夏から秋へ――。

愛しい女神に――また会える !!

女神のカフェテラスとは

「週刊少年マガジン」で好評連載中の、瀬尾公治先生による大人気シーサイドラブコメ。2023年4月から6月までTVアニメ第1期が放送された。小野白菊、月島流星、鶴河秋水、鳳凰寺紅葉、幕澤桜花の登場人物5人が「正ヒロイン」で、主人公・粕壁 隼は彼女たちと力を合わせて祖母の残してくれたカフェ「Familia」の再建に尽力している。また、カフェの運営を通じてそれぞれの恋愛感情も大きくなってきており、隼が誰と結ばれるのかも気になるところ。TVアニメの第2期は2024年に放送が予定されている。

制作スタッフ

［装丁・本文デザイン・DTP］ 山川夏実
［監修］ 陳 嘯宇、松浦 希、古 惠瑄（講談社）
［編集］ 宮島岳史
［ライター］ 石河 新、内田雅志
［校正］ 佐藤ひかり

［編集長］ 後藤憲司
［副編集長］ 塩見治雄
［担当編集］ 石井 大

TVアニメ「女神のカフェテラス」公式ビジュアルブック

2023年9月11日　初版第1刷発行

編集　MdN編集部
発行人　山口康夫
発行　株式会社エムディエヌコーポレーション
〒101-0051　東京都千代田区神田神保町一丁目105番地
https://books.MdN.co.jp/
発売　株式会社インプレス
〒101-0051　東京都千代田区神田神保町一丁目105番地
印刷・製本　図書印刷株式会社

Printed in Japan

定価はカバーに表示してあります。

【カスタマーセンター】
造本には万全を期しておりますが、万一、落丁・乱丁などがございましたら、送料小社負担にてお取り替えいたします。お手数ですが、カスタマーセンターまでご返送ください。

落丁・乱丁本などのご返送先
〒101-0051　東京都千代田区神田神保町一丁目105番地
株式会社エムディエヌコーポレーション カスタマーセンター　TEL：03-4334-2915

書店・販売店のご注文受付
株式会社インプレス　受注センター　TEL：048-449-8040／FAX：048-449-8041

●内容に関するお問い合わせ先
株式会社エムディエヌコーポレーション
カスタマーセンター　メール窓口
info@MdN.co.jp

本書の内容に関するご質問は、Eメールのみの受付となります。メールの件名は『TVアニメ「女神のカフェテラス」公式ビジュアルブック　質問係』をお書き添えください。電話やFAX、郵便でのご質問にはお答えできません。ご質問の内容によりましては、しばらくお時間をいただく場合がございます。また、本書の範囲を超えるご質問に関しましてはお答えいたしかねますので、あらかじめご了承ください。

ISBN978-4-295-20535-7　C0076